谨以此书

献给为共和国浴血奋战的老兵们!

中华人民共和国成立70周年
The 70th Anniversary of the Founding of
The People's Republic of China

盂县双拥工作领导组

盂县人民武装部

盂县退役军人事务局

孟县农商银行全体员工向老兵致敬！

主　编／刘计平　赵五明

老兵军礼

一个太行山革命老区的老兵影像档案

山西出版传媒集团
山西人民出版社

图书在版编目（CIP）数据

老兵军礼：一个太行山革命老区的老兵影像档案／刘计平，赵五明主编．— 太原：山西人民出版社，2020.1
ISBN 978-7-203-11183-2

Ⅰ．①老… Ⅱ．①刘… ②赵… Ⅲ．①军人—生平事迹—盂县—摄影集 Ⅳ．①K825.2-64

中国版本图书馆 CIP 数据核字（2019）第 294986 号

老兵军礼：一个太行山革命老区的老兵影像档案

主　　编：	刘计平　赵五明
责任编辑：	吕绘元
复　　审：	冯　昭
终　　审：	梁晋华
装帧设计：	崔永青
出 版 者：	山西出版传媒集团·山西人民出版社
地　　址：	太原市建设南路 21 号
邮　　编：	030012
发行营销：	0351-4922220　4955996　4956039　4922127（传真）
天猫官网：	https：//sxrmcbs.tmall.com　电话：0351-4922159
E – mail：	sxskcb@163.com　发行部
	sxskcb@126.com　总编室
网　　址：	www.sxskcb.com
经 销 者：	山西出版传媒集团·山西人民出版社
承 印 厂：	山西出版传媒集团·山西人民印刷有限责任公司
开　　本：	787mm×1092mm　1/16
印　　张：	13.5
字　　数：	100 千字
印　　数：	1—2000 册
版　　次：	2020 年 1 月　第 1 版
印　　次：	2020 年 1 月　第 1 次印刷
书　　号：	ISBN 978-7-203-11183-2
定　　价：	98.00 元

如有印装质量问题请与本社联系调换

他们
是1949年前入伍的老兵

70年前
他们
在硝烟弥漫的战场
燃烧着青春
尔后
又归于平凡
归隐乡间

70年后
他们
已步入耄耋之年
回望峥嵘岁月
仍然
激情满怀
心潮澎湃

在共和国70华诞之际
这些共和国老兵
小心翼翼
翻出箱底深藏的功名
颤颤巍巍
胸前挂满耀眼的荣光
向祖国和人民
致以
庄严崇高的
军礼

让我们记住这些老兵的名字

张志佩	梁怀俊	石正耀	贺沛章	田铎谦	王守义
王毛爱	李树丰	晋肇祥	郑有柱	付福海	冯锁林
霍小旦	杨文仲	王正基	岳吉法	王 瑛	王云芝
贾尚起	李二毛	张玉山	高玉堂	杨清明	谢双福
吕殿寺	王养富	武占魁	贾焕祥	贺成章	施鉴荣
赵丙仁	刘壮利	张满银	尹桂元	赵宏慈	张良仁
李双和	冯双福	路巨旺	赵通步	崔成智	韩恒寿
郜心林	李锡明	胡静山	许七毛	南存明	郭秉山
张金和	刘昌林	刘 壆	崔昌秀	韩开通	侯学智
王海林	郝三毛	潘新珍	贺王元	韩双海	齐致明
张根锁	魏林海	任四全	刘珍时	刘贵林	郭仲鑫
史元林	高秋元	刘同元	王四小	李顺锁	温正福
安玉英	高俊海	梁怀亮	崔昌义	罗秀挺	杨根云
武龙德	秦双海	王爱林	李付金	王肉子	韩尔跃
王继忠	梁变珍				

目　录

张志佩	001	杨清明	051
梁怀俊	004	谢双福	053
石正耀	006	吕殿寿	056
贺沛章	009	王养富	058
田铎谦	012	武占魁	060
王守义	014	贾焕祥	063
王毛爱	016	贺成章	066
李树丰	018	施鉴荣	069
晋肇祥	020	赵丙仁	071
郑有柱	023	刘壮利	073
付福海	025	张满银	075
冯锁林	027	尹桂元	078
霍小旦	029	赵宏慈	080
杨文仲	032	张良仁	082
王正基	034	李双和	084
岳吉法	036	冯双福	087
王　瑛	038	路巨旺	090
王云芝	041	赵通步	092
贾尚恕	043	崔成智	094
李二毛	045	韩恒寿	096
张玉山	047	鄢心林	099
高玉堂	048	李锡明	102

胡静山	104	刘同元	159
许七毛	107	王四小	161
南存明	109	李顺锁	163
郭秉山	111	温正福	165
张金和	113	安玉英	167
刘昌林	115	高俊海	169
刘　璺	118	梁怀亮	171
崔昌秀	121	崔昌义	173
韩开通	123	罗秀挺	175
侯学智	125	杨根云	178
王海林	128	武龙德	181
郝三毛	130	秦双海	183
潘新珍	132	王爱林	185
贺王元	135	李付金	187
韩双海	137	王肉子	189
齐致明	139	韩尔跃	191
张根锁	141	王继忠	193
魏林海	144	梁变珍	195
任四全	147		
刘珍时	149	寻访之旅	198
刘贵林	151	巡展瞬间	201
郭仲鑫	153		
史元林	155		
高秋元	157		

张志佩

山西省盂县上社镇教场村人,1931年10月出生,1945年4月入伍,1949年4月入党,19兵团司令部通信员、警卫员、警卫排排长,1952年因伤退伍。

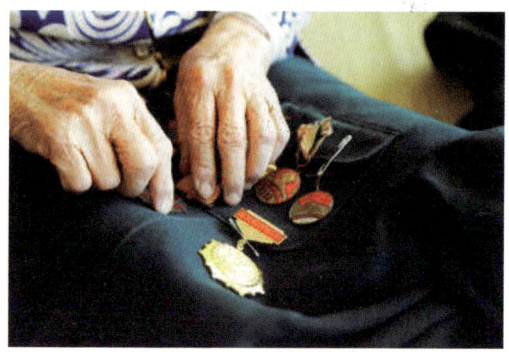

1945年春，年仅14岁的儿童团员张志佩积极报名参军，村干部和接兵部队认为他年龄太小，不予批准。他说："我家兄弟3人，大哥走关东不在，二哥腿有毛病，我不去，谁去？"于是村里说服接兵部队接收了他。当年4月张志佩被编入晋察冀军区教导旅1团3连，当了一名通信员。

新兵入伍后,在盂县下鹤山村集训半个月便开赴华北前线,在河北、绥远(今内蒙古南部地区)一带与日军和国民党军作战。从1945年4月到1949年3月,张志佩随部队先后攻克平山、行唐、阜平、邢台、新乐、定县、石门(今河北石家庄)、望都、保定、满城、涞源、怀来、宣化、察哈尔(今河北张家口)等地,1949年春节部队开进北平南口。北平和平解放后,1949年4月,参加了解放太原战役。尔后,转战大西北,先后参加了解放咸阳、宝鸡、天水、兰州、银川等战役战斗。

1950年6月,朝鲜战争爆发,他在战场上两次与死神擦肩而过。一次是在三八线以南,因战局失利,他掩护部队撤退,走在最后,因交通工具少,他最后一个爬上正在疾驰的大卡车。他眼睁睁地看着没有爬上车的战友,一个个倒在美军的枪弹之下。另一次危险是在第五次战役中,司令部设在一个叫猪漩洞的大山中,他从作战室出来,突然飞来一颗炸弹在身旁爆炸,他被掀翻在地。醒来后,头疼欲裂,耳朵什么也听不见,转到后方医院治疗几个月,伤势仍不见好转。1952年,因脑震荡后遗症退伍。

梁怀俊

  山西省盂县梁家寨乡张家坪村人,1928年11月出生,1944年2月入伍,晋察冀军区二分区卫生所战士、班长,1946年退伍。

  他是抗战老兵,是英雄,我们走近他,他只是默默地望着我们,无法与我们交谈……

  英雄寡言,默而不宣,他从战场上走来,过着平凡的日子。抗日战争胜利74年,于抗战老兵而言,子弹留下的伤疤是一生的勋章;于民众而言,战争留下的历史是永远不能忘却的记忆……

石正耀

　　山西省盂县秀水镇人,1930年10月出生,1948年入伍,20兵团66军589团政治处副主任,1976年3月转业。

曾参加过和平解放北平及解放察哈尔、保定、涞水、归绥（今内蒙古呼和浩特）等战役战斗。

1950年首批入朝。老人默默地打开珍藏多年的中国人民志愿军军装和金光闪闪的军功章，这是用鲜血和生命换来的最高荣誉，这印证着一段铁血青春的岁月、激情燃烧的岁月……

老人珍藏的这身军装可能是他一段难以忘却的记忆，是一个难以抹去的印记。

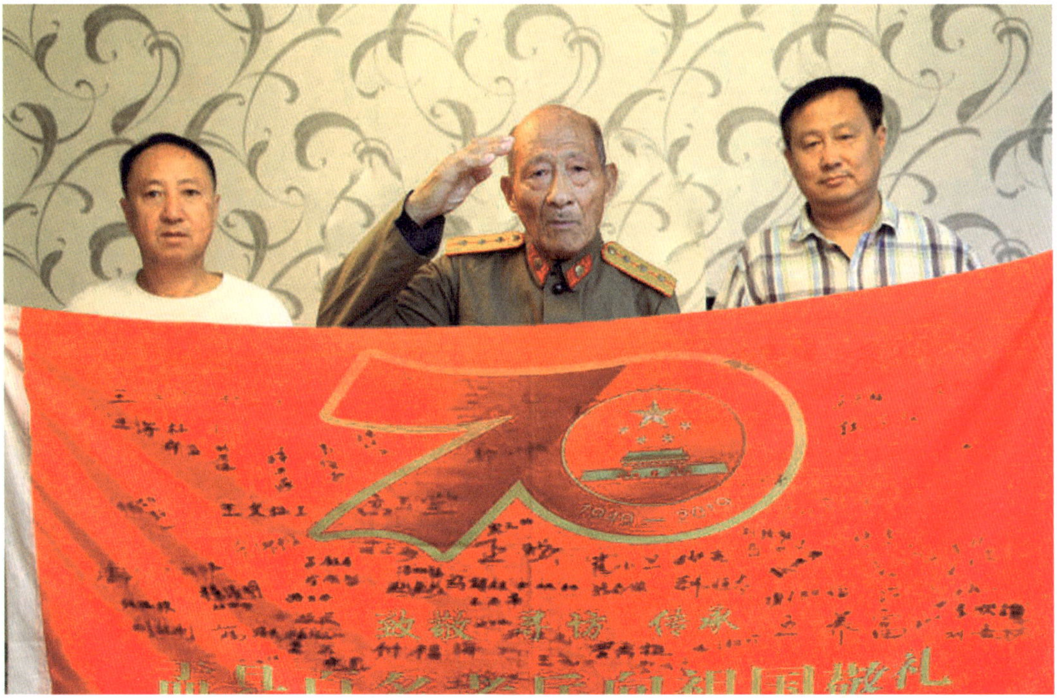

岁月如梭,时光转瞬即逝;硝烟散尽,已然繁花似锦。70年过去,日新月异的祖国不断翻动着新的篇章。如今的石正耀老人,忆往昔峥嵘岁月眼里有光,谈今朝幸福生活满是骄傲。

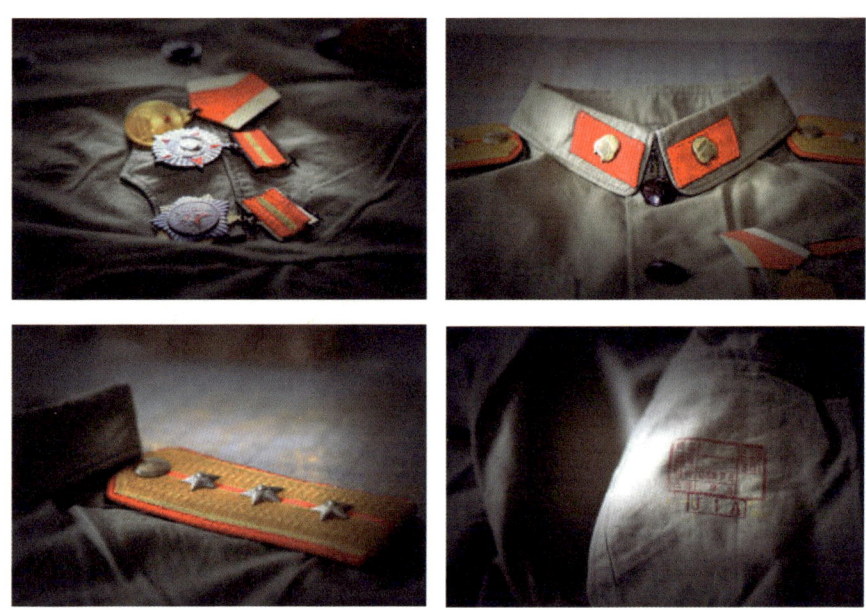

贺沛章

山西省盂县秀水镇人,1931年9月出生,1949年4月入伍,1949年8月入党,67军200师599团通信员、副班长,1956年6月退伍。

曾参加过解放太原战役，1951年开赴抗美援朝前线。

在一次战斗中，贺沛章和五六个战士隐蔽在山洞里，敌人的炮弹把防空洞炸得封住了洞口，如果时间太长，缺氧会有生命危险，他带领战士们硬是用手挖开了通风道。一次攻坚战，他们排占领了山头阵地，敌人一次次反扑，被他们一次次击退。敌人的子弹打过来，贺沛章多处受伤，血从头部流到身上都没有察觉。他们勇敢无比，浴血奋战，击退了敌人一次又一次的反击，坚守阵地直到最后胜利。

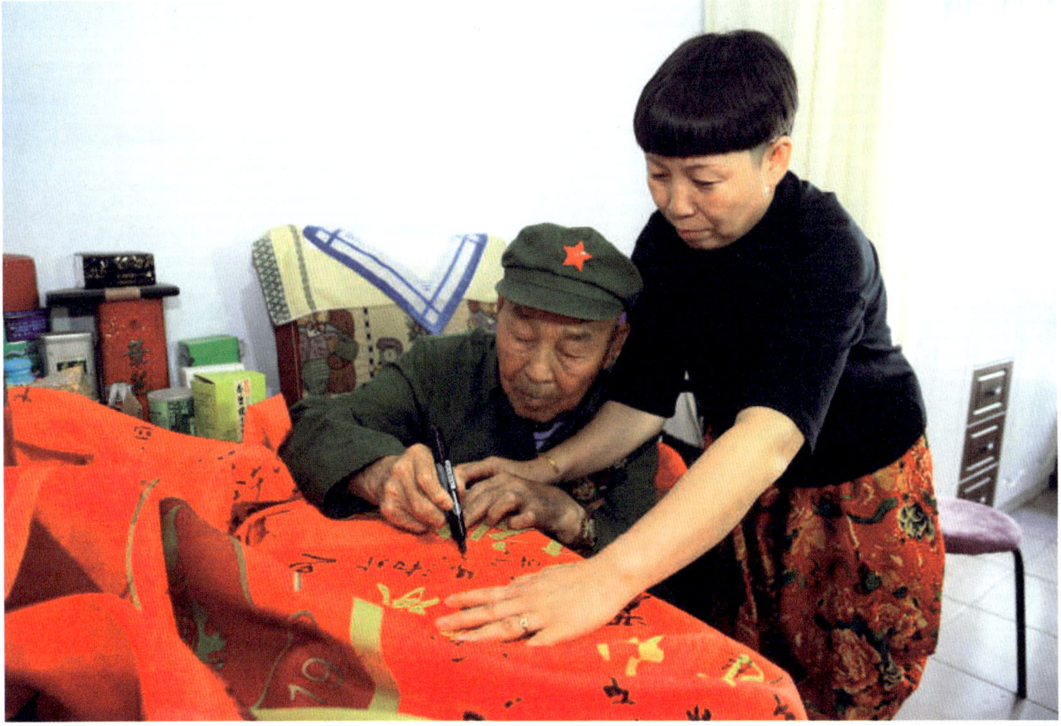

田铎谦

山西省盂县秀水镇北关村人,1926年4月出生,1949年4月入伍,66军通信团2营5连战士、炊事班班长,1957年4月退伍。

曾参加过解放战争和抗美援朝战争。

抗美援朝时期，相比前线殊死搏杀的志愿军战士们，炊事员的辛劳与奉献远远超出我们的想象。田铎谦老人讲，当时的战地炊事员，不仅要承担全连的伙食，还要负责背锅、背粮、打柴、挑水，冒着生命危险往战场上送饭。为了让战友们吃上热饭，他们用大衣给送饭箱保温，送饭的同时还要捎带送去武器弹药，顺便把战士们的衣服拿下来清洗缝补。而自己却经常吃些锅巴剩饭，把好的饭菜留给战士们。

兹有田铎谦同志，在1956年战斗训练中，取得优良成績，被評为一級先進工作者
特发給此証，以資鼓励。
中国人民解放軍成都軍區
公元1957年二月廿二日

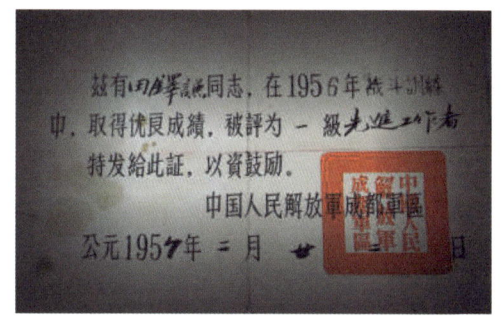

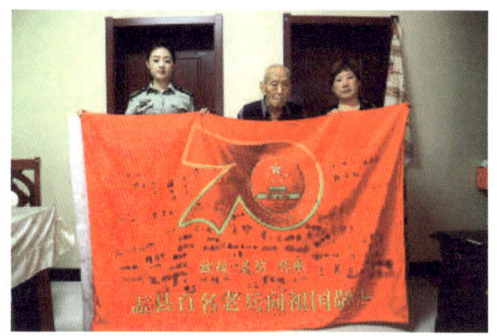

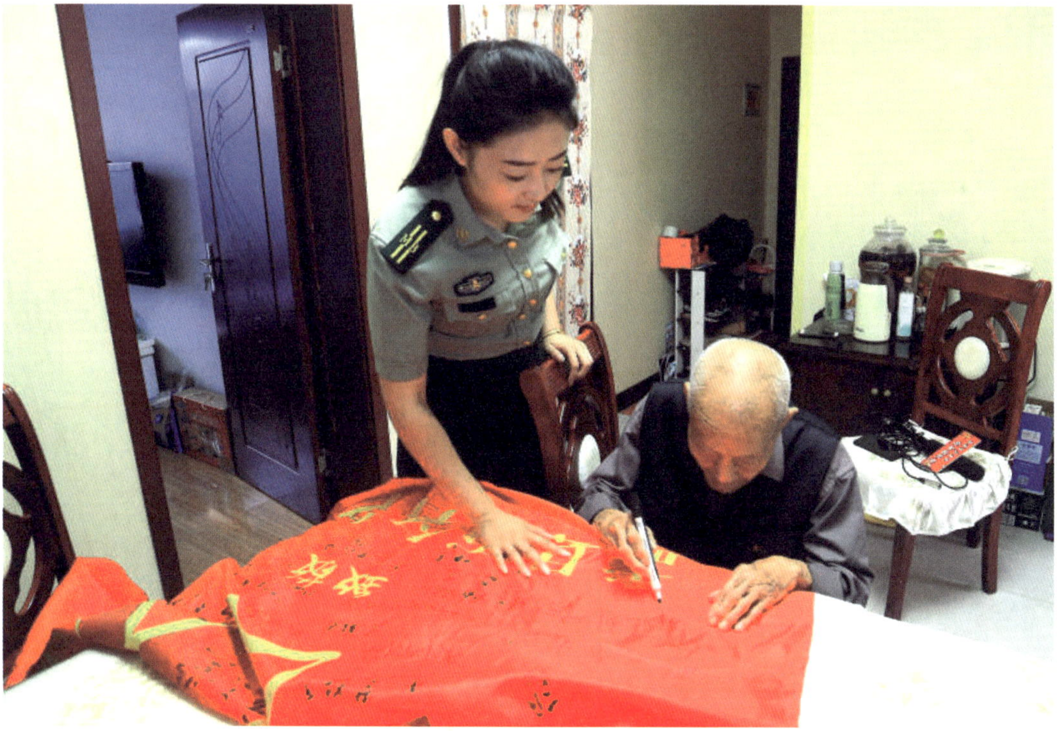

王守义

　　山西省盂县秀水镇南关村人,1927年12月出生,1947年9月入伍,1949年3月因伤退伍。

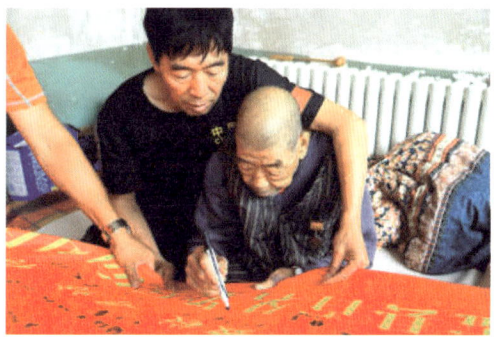

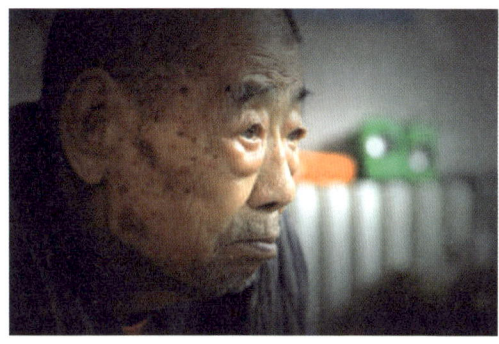

曾参加过解放战争。

王守义老人年事已高，记忆有些模糊，但在他身上永远有着战争的印记。1948年4月，他在寿阳上庄战斗中左腿中枪，在另一次战斗中头部中弹，伤痕至今清晰可见。

这些伤痕见证了老人的烽火青春。

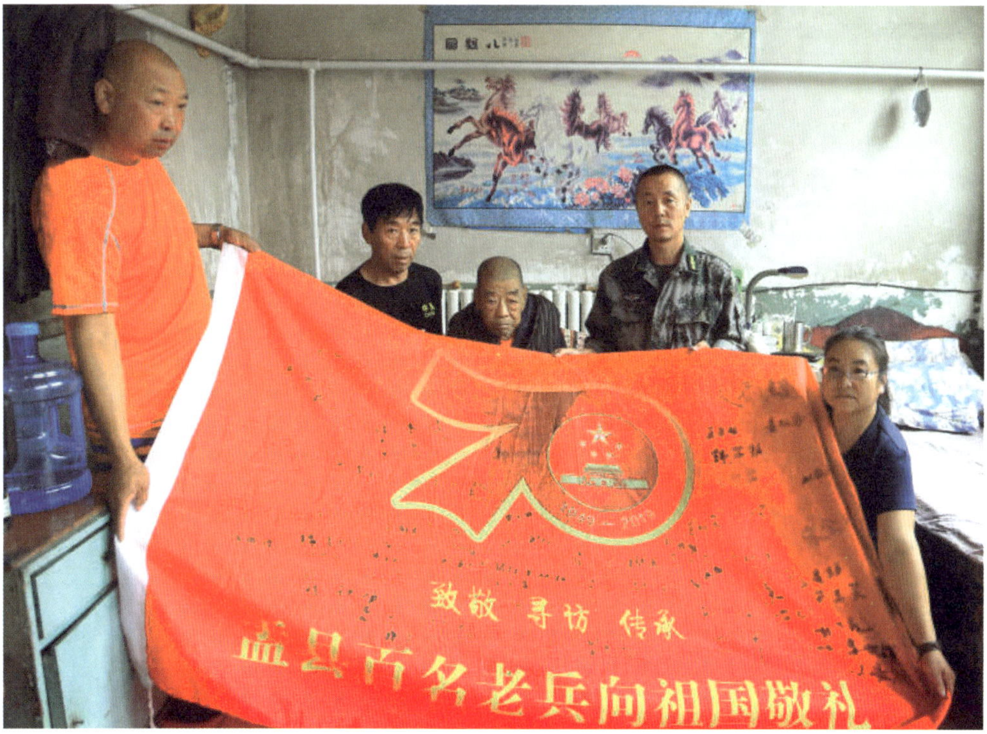

王毛爱

　　山西省盂县仙人乡山北村人,1928年6月出生,1946年入伍,教导11旅34团1营4连战士,1948年5月退伍。

曾参加过解放石门、徐水、清风店等战役战斗。

在清风店战役中,王毛爱左腿被子弹打穿,鲜血顺着小腿流进鞋里,但他仍然坚持与敌人战斗直至胜利。

老兵是战争年代留下来的精神图腾,是军人的历史记录,今天我们以这样一种方式寻访他们就是不忘历史,牢记使命。从老兵手中接过保家卫国的接力棒,向军人敬礼!

李树丰

　　山西省盂县秀水镇东寨村人,1927年10月出生,1945年入伍,1947年退伍。

曾参加过抗日战争，解放察哈尔、怀来等战役战斗。

第一次打仗是在河北完县。一天晚上，20多个敌人，从大路上走来，李树丰和战友们在路边的树林里趴着，见敌人走近了，排长说"打"，战士们就开枪。工夫不大，只听见排长喊："冲上去！"战士们都站起来向前冲，嘴里大声喊着："杀！杀！"李树丰老人说，以前听说敌人很凶，今天敌人却很熊，没有打了几枪就垮了。

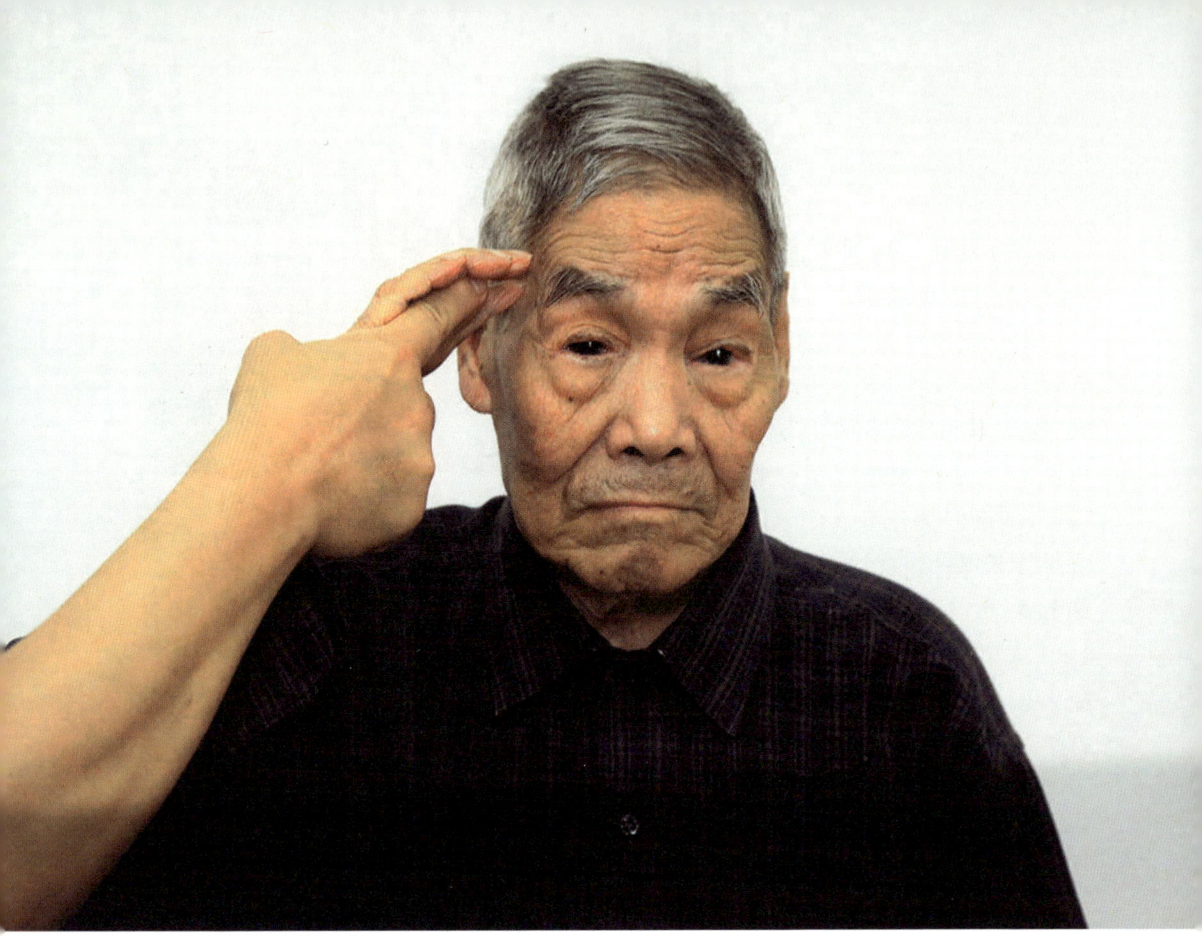

晋肇祥

　　山西省盂县秀水镇人,1927年12月出生,1944年10月入伍,1946年8月入党,3293部队坦克连连长,1963年5月转业。

曾参加过抗日战争、解放战争和抗美援朝战争。

一次,晋肇祥领着3名战士在执行任务途中,遇见五六十个土匪向他们3人袭来,晋肇祥临危不惧,急中生智——他突然高喊:"1排向左,2排向右,3排包围。"土匪一听,以为进了包围圈,吓得仓皇而逃。

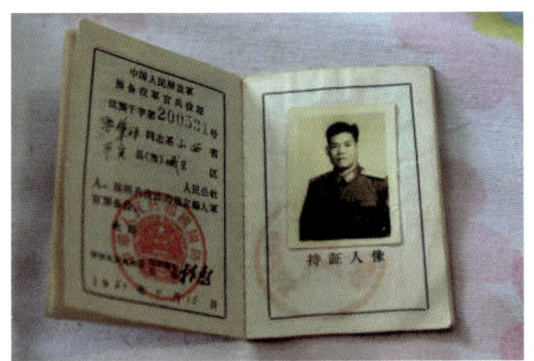

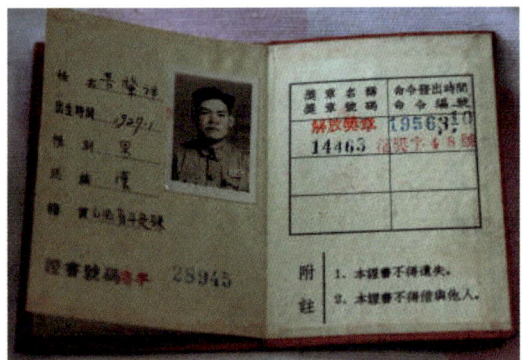
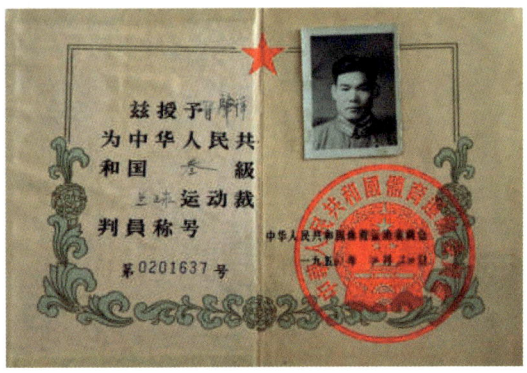

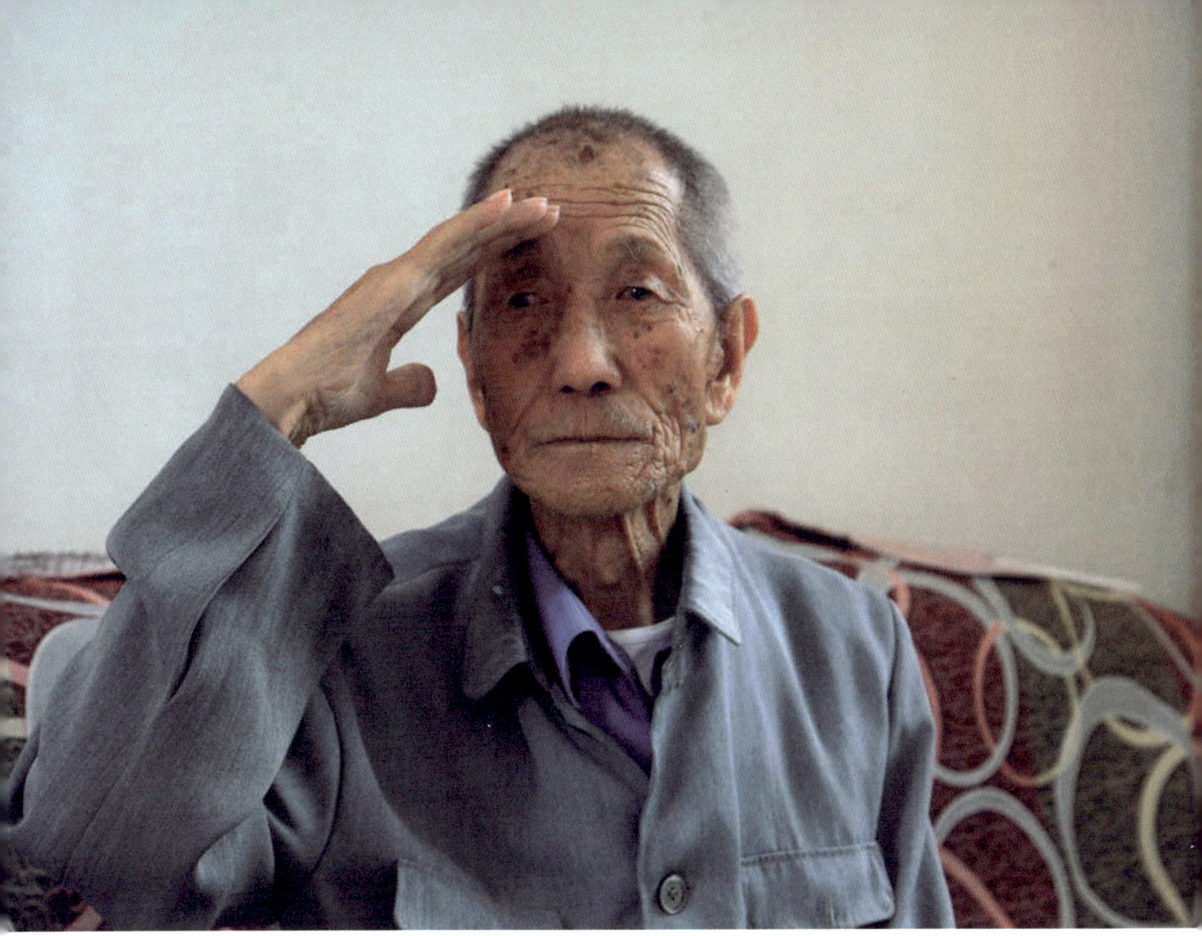

郑有柱

山西省盂县秀水镇西关村人,1930年1月出生,1947年1月入伍,11旅33团1营3连1排1班战士,因战负伤,1948年1月退伍。

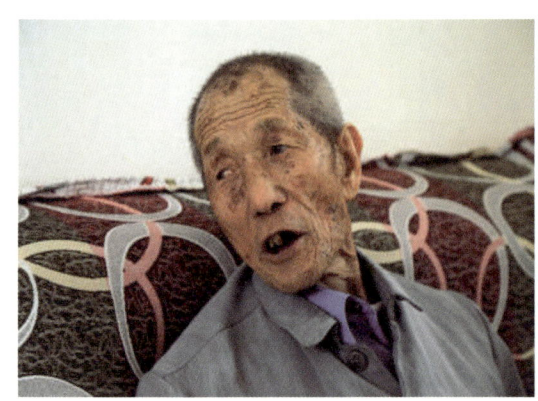

郑有柱老人虽然年事已高，但军旅生涯的磨炼，老人直到现在身上还保持着军人的风采，走起路来依然挺拔矫健。讲起当年的参战经历，最难忘的是清风店战役中，为了炸毁敌人碉堡，老人在机枪掩护下，拼死前行完成了任务。

付福海

　　山西省盂县北下庄乡王家庄村人,1926年10月出生,1943年10月入伍,晋察冀军区二分区司令部理发员,1946年9月退伍。

军号依旧在耳边回响,战歌依旧在胸中激荡,党旗依旧在心中高扬。

能歌善战的付福海老兵,一提起红歌,一首歌便随口而出:"东方红,太阳升,中国出了个毛泽东……"老人脸上挂满晶莹的泪花,唱出了对毛主席的恩情。

付福海老人虽然听力不好,腿脚不利索,但当被问起当兵的历史时,老人的思路依旧非常清晰,激动得热泪盈眶。这位抗战老兵声情并茂地讲述了烽火岁月中的残酷、生活的艰辛、战友逝去的无奈与痛苦以及革命军人顽强的战斗精神,教育我们以史为鉴,勿忘国耻,励精图治,强我中华。

冯锁林

　　山西省盂县上社镇魏家沟村人,1930年1月出生,1948年入伍,西北野战军6军16师17团2营2连通信员、师部警卫员,1952年退伍。

曾参加过解放兰州战役、新疆剿匪和抗美援朝战争。

在西北战场上,部队取得节节胜利,解放西安,攻克兰州,直叩新疆东大门。冯锁林跟随部队一路西行,冒着严寒从酒泉徒步西进,风餐露宿,长途跋涉。1950年3月,17团来到新疆,分驻吐鲁番、鄯善、哈密等地,守备警戒,剿匪平叛,帮助地方建立人民政权。

霍小旦

山西省盂县秀水镇西兰村人,1923 年 8 月出生,1946 年入伍,64 军 191 师 571 团 2 营警卫连副连长,1954 年退伍。

霍小旦老人讲道："1947年10月20日,国民党第3军在清风店被我军主力包围。经过两昼夜的激战,到22日,击毙、俘虏敌方军长罗历戎以及官兵计13000余人。从那时候起,我们打下了栾城、藁城,解放军一步一步壮大起来。解放了保定、正定、栾城、涞水、石门,解放军更强大起来了,武器也好了。这就为夺取平津战役的胜利和全国的解放进一步做好了准备。我还参加了平津战役、大西北战役、抗美援朝。"

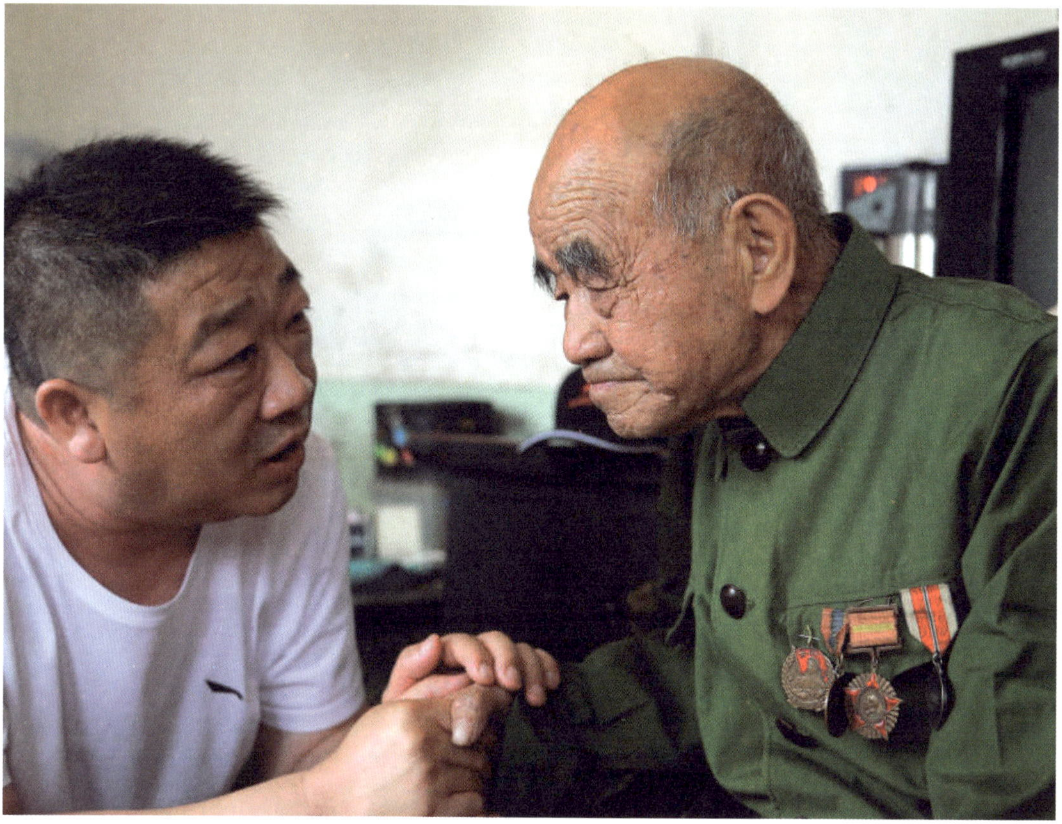

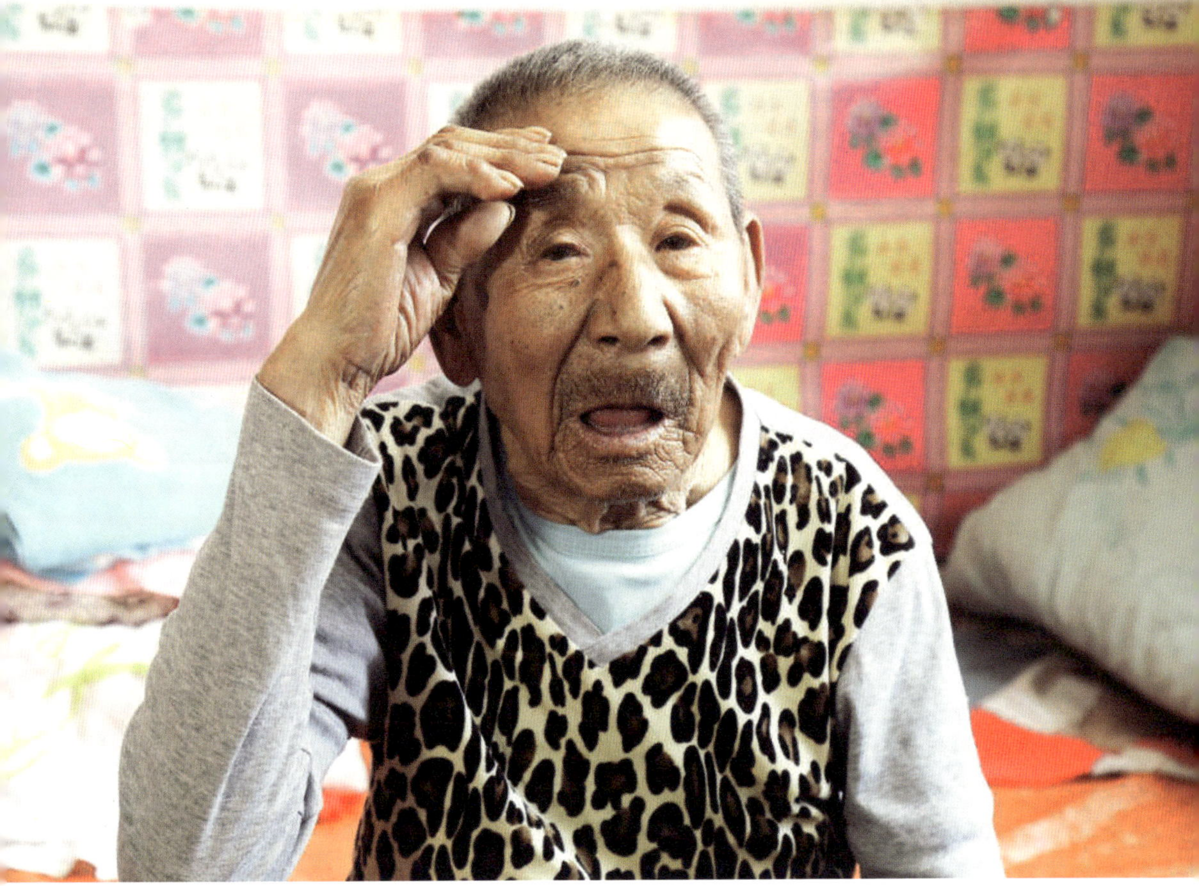

杨文仲

　　山西省盂县仙人乡张庄村人，1928年1月出生，1946年入伍，第二野战军32团特务连、警卫连战士，1949年退伍。

历史太过久远,老兵渐被淡忘,但是一个耄耋老兵的敬礼,却足可把时光拽回到70多年前。如今,闯过枪林弹雨有幸活下来的老兵,已风烛残年,独自走在离去的路上。趁一切还来得及,让我们也能有幸接受老兵的检阅。

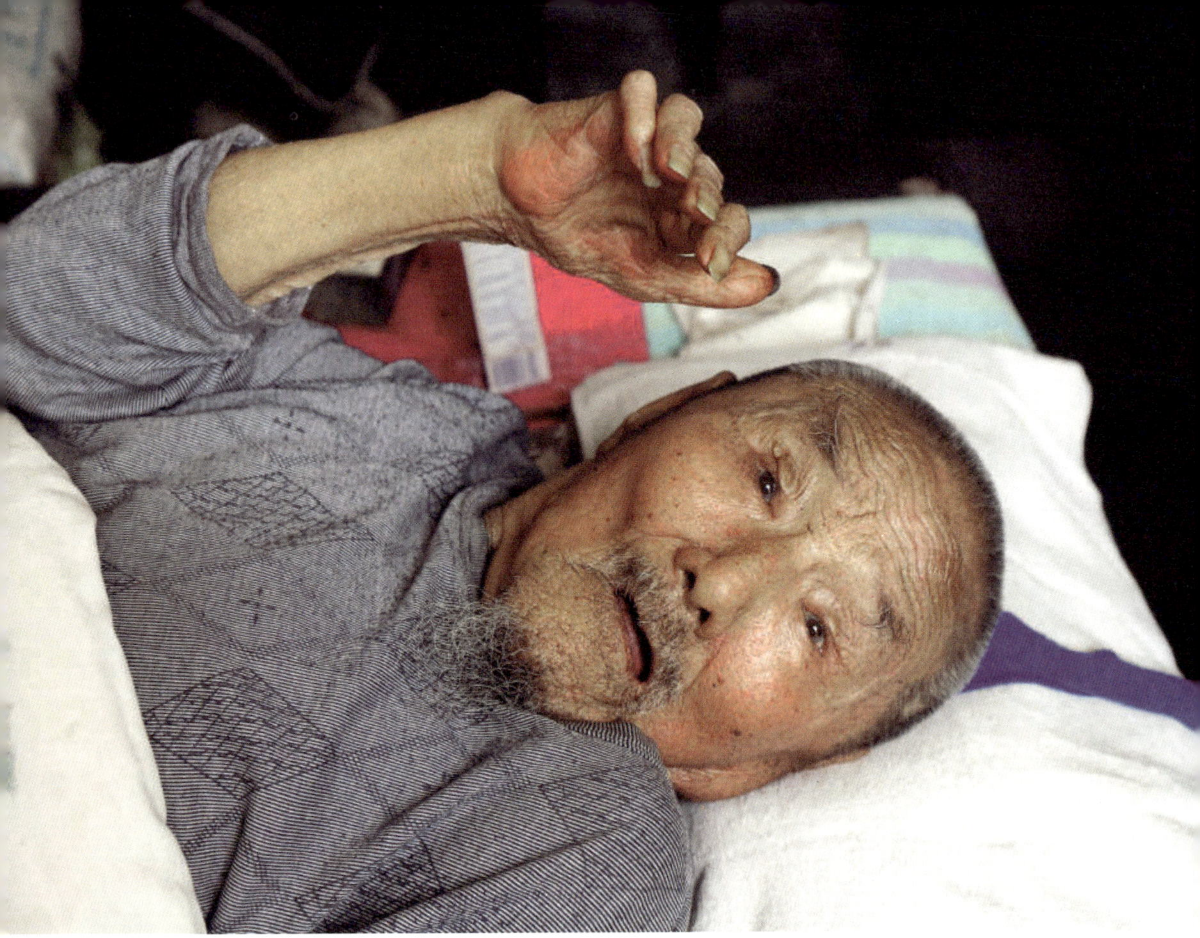

王正基

　　山西省盂县仙人乡岭西岩村人,1926年9月出生,1944年7月入伍,12团3营7连8班战士,1948年退伍。

1944年夏天,王正基和村里的3个年轻人每人骑着一头骡子,走到平山县古月镇住了几天,路过阜平到行唐县参军。第一仗是攻打行唐县城,部队没有重武器,打不下来,就退回阜平。在阜平做了一段群众工作,就是担水、扫院,帮助老百姓干地里的活。后来部队每天行军70里,走了半个月来到察哈尔,这时日本人已经投降了。

　　1948年,在内蒙古荣新铺战斗中,一颗炮弹打来,他们4个人都被炮弹掀起的土埋了。战友们把他们挖出来,没有丢了性命。

　　王正基老人因战腿残,已卧床3年,由儿子儿媳照料。虽然言语不清晰,但面对镜头,他还是使出千钧之力,完成了一个神圣的军礼。他身残志坚,在他身上存在的那种抗战精神依然值得我们学习。

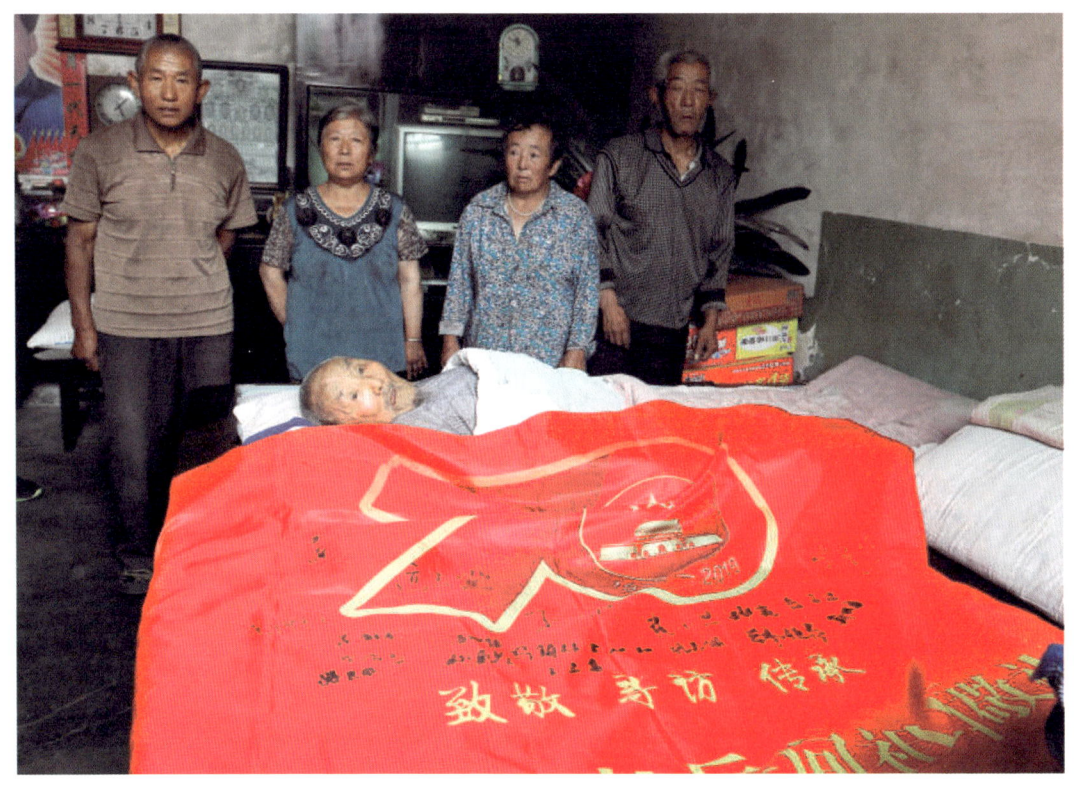

岳吉法

　　山西省盂县梁家寨乡猫铺村人，1928年8月出生，1945年1月入伍，19兵团1旅团部警卫员、排长，1949年退伍。

曾参加过解放察哈尔、石门战役战斗。

岳吉法老人讲道:"记得那是正月里,天气十分寒冷,我们来到察哈尔地区宣化附近,遇到一条河,记不清叫什么河了,河水有1米来深,河道有很多弯,每拐一个弯就要蹚一次河。我们沿河行军,穿着棉裤蹚水过河,棉裤在水里浸泡后,到了岸上不一会就冻成冰块,一走路又把冰块弄碎了,冰块噼里啪啦响个不停,两条腿带着冰块走了多半天。"

1948年11月在宣化沙岭子战斗中左臂被炸伤,因战致残。

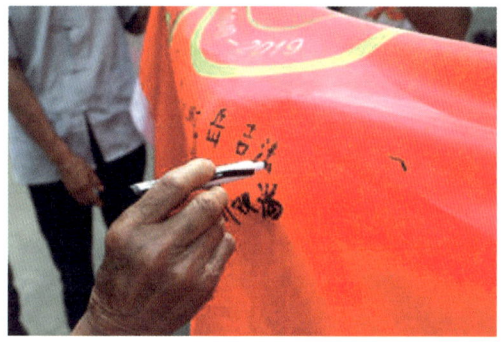

王 瑛

　　山西省盂县孙家庄镇降香坪村人，1926年4月出生，1941年2月入伍，晋察冀军区二分区战士、游击队1队队员、盂平支队1连战士、19团1团1营1连战士、武工队班长、4团2营5连排长，1946年退伍。

曾参加过抗日战争、解放战争。

老人用颤抖的手抚摸着自己用生命换来的军功章，轻描淡写地说："都过去了，这是荣誉，更是历史。"

老人同日军多次作战。他说，战争极其残酷，几经战火，九死一生，最终迎来胜利，那是他一生中既艰苦又光荣的岁月。

一次，在榆次一个叫坡梁的地方，他们从四面村口围住了日军，日军的一个小队长领着几个伪军从村里走出来。大约有50米远，他就开枪，打中了

走在前面的小队长的大腿，小队长一下倒在地上。他急着想捉活的，站起来就往前跑，这时队长张泉成大喊："快趴下，日军没有死！"他反应也挺快的，赶紧趴下，又瞄准日军小队长开了枪，子弹穿过了小队长的脑袋。小队长死了，剩下的伪军原来都是些十几岁的小后生，没有打过仗，吓得直打哆嗦，举起枪来全部投降了。

 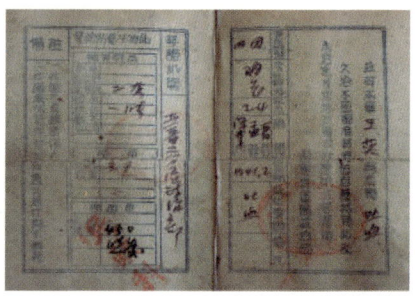

倾听王瑛老人讲述抗战历史，感受那段烽火岁月。这位在当时接受过正规训练的战士，带领他的武工队白天乔装改扮打探消息，夜晚除奸杀鬼子名震太原。有一次执行任务，他们被叛徒出卖，数己几倍的敌人追赶他们，他跑得吐了血……后来伤情严重被转移到后方医院治疗。老人不屈不挠、坚韧不拔、保家卫国的精神值得我们学习。

王云芝

　　山西省盂县上社镇秋林村人，1929年9月出生，1948年入伍，1949年2月入党，西北野战军6军771团1营2连3排9班班长，1969年9月转业。

曾参加过解放侯马、保德、酒泉、西安、马家山等战役战斗。

老人讲："攻打马家山战斗中，指导员郑重地说，现在决定让你担任旗手。我深知战斗中一名旗手的意义是什么，就是要像保护自己的生命一样保护它。其实它比我的生命还重要，无论在什么情况下，红旗决不能倒下……

"那次战斗打得非常激烈。冲锋号吹响了，我跃出战壕，高举红旗向敌人的阵地冲去。这时，敌人一排子弹扫来，我负伤了，旗杆也被打断了。战斗不能没有红旗！想到这儿，我扔向敌人一颗手榴弹，赶紧解下绑腿把旗杆接起来，让红旗继续飘扬在战场上。我当时只有一个念头，保卫红旗是我的责任！那一天，红旗被打穿了好多洞，旗杆也断了几次，可是红旗始终高高地飘扬在战场上，鼓舞着全排战士奋勇前进！"

贾尚恕

　　山西省盂县南娄镇北娄村人,1932 年 3 月出生,1947 年 3 月入伍,5605 部队高炮 63 师 607 团 1 连 1 排排长,1956 年 6 月转业。

1947年在晋察冀军区兵工厂做炮药。1951年入朝，1953年参加一江山岛剿匪。

在抗美援朝战争中，贾尚恕所在炮兵连的主要任务就是防止敌机轰炸桥梁，保护司令部的安全。贾尚恕所在连队共歼灭7架美军飞机。

解放后，国民党残余部队退据东南沿海部分岛屿。台湾国民党当局企图利用这些岛屿作为护卫台湾的屏障、反攻大陆的跳板和袭扰大陆的基地。1953年贾尚恕参加了一江山岛剿匪，他浴血奋战，最终取得了剿匪斗争的全面胜利。

李二毛

  山西省盂县南娄镇西宋村人,1928年11月出生,1946年9月入伍,晋察冀军区4纵队44旅32团战士,1948年1月在大清河战斗中负伤,1948年3月退伍。

曾参加过解放石门、清风店、栾城、涞水等战役战斗。

穿越红色历史的迷雾，走进战火硝烟的岁月。李二毛老人给我们讲铁脚板跑赢汽车轮子的战斗故事。

老人讲，攻打清风店战役是在1947年10月，国民党第3军军长罗历戎带着部队偷偷从石门出来，目的是南北夹击解放军4纵队。当时解放军主力距离清风店足足有200里远，而罗历戎部只有90里。解放军的脚板子要跑过敌人的汽车。那次战役的总指挥杨得志的命令只有一个字："快，快，快！"为了跑赢敌人，战士们边跑边吃。大家都知道，速度决定这场战役的胜利。而罗历戎到达新乐后，竟然下令宿营过夜。就是这么在新乐住的一夜，让我们赢得了先机。经过一昼夜急行军，主力部队全部赶到清风店，全线形成合围之势。

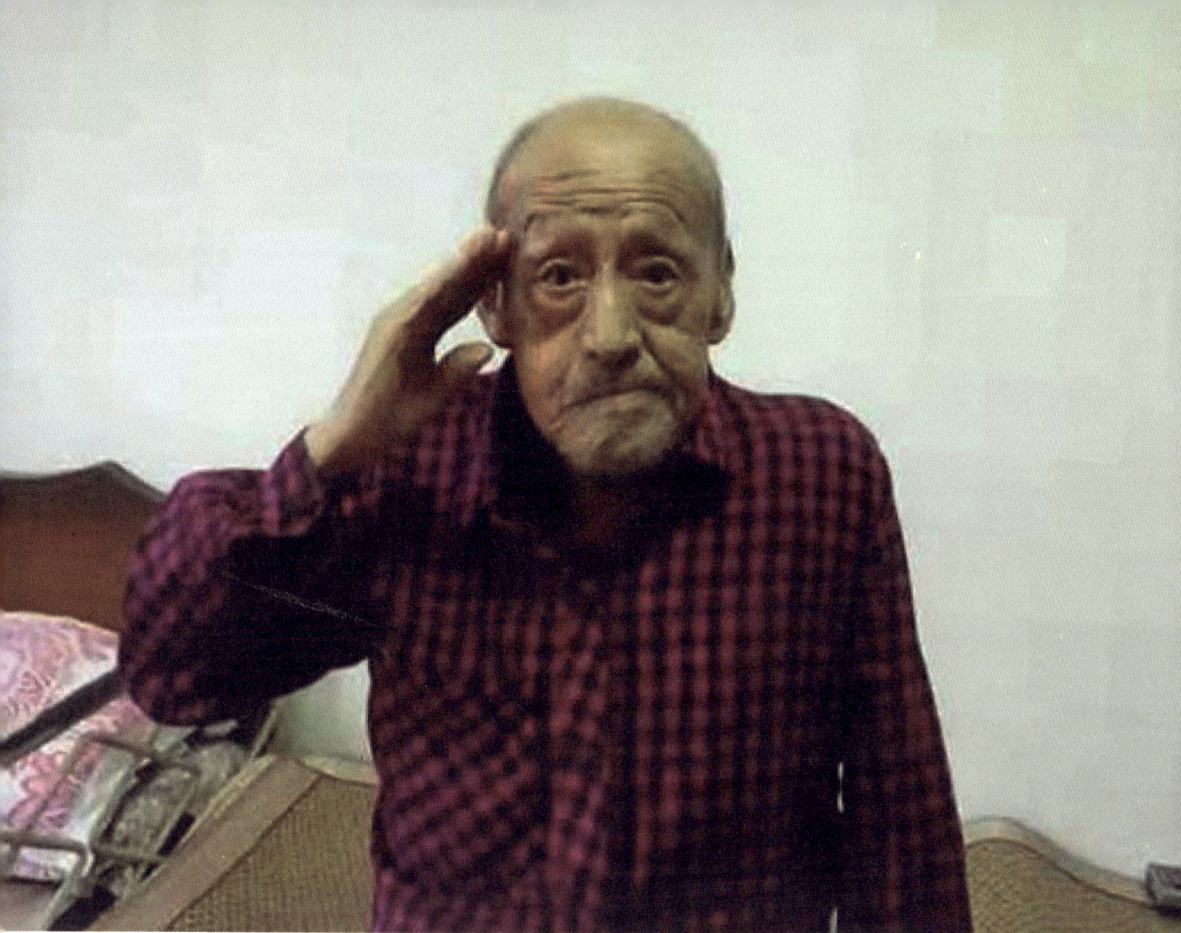

张玉山

　　山西省盂县南娄镇坡头村人,1931年6月出生,1948年2月入伍,西北野战军6军17师47团1营3连战士,在马家山战役中负伤,1950年11月退伍。

高玉堂

　　山西省盂县仙人乡仙人村人,1930年6月出生,1946年7月参军,沈阳高射炮兵学院学员,1958年3月转业。

曾参加过解放战争、抗美援朝战争。

高玉堂是一名战地司号员,幸运地活了下来,但是他的许多战友,却永远地留在了那个战火纷飞的岁月。

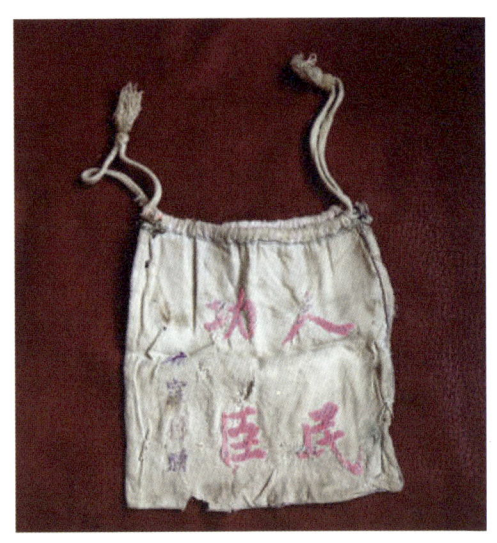

他无数次对着天空吹响冲锋号。这号声是军魂,是军人的崇高使命,更是军人对历史的回响。抗美援朝第三次战役中,志愿军一举突破三八线,攻占了汉城,前锋直指三七线。美军在前行的道路上,放毒弹、埋铁钉,一场战斗下来,一个连只剩下 6 个人。

杨清明

　　山西省盂县西烟镇南村人,1929年4月出生,1945年9月入伍,19兵团191师572团1营2连1排1班战士,因战伤残,1947年7月退伍。

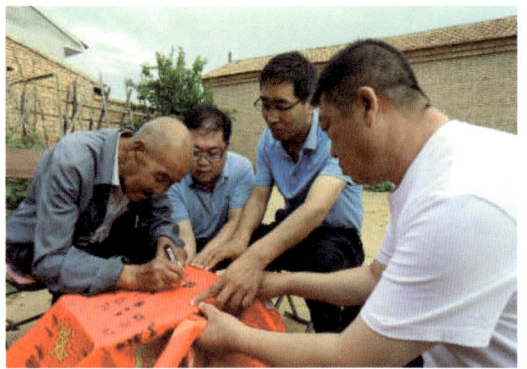

　　曾参加过解放察哈尔、束鹿（今河北辛集）、涞水、栾城等战役战斗。

　　19兵团有红色基因，战将云集。作为19兵团的一名战士，杨清明解放战争时期，随19兵团打了不少大仗小仗，在华北解放战场上，一路血战，一路辉煌，为中华人民共和国的建立做出了贡献。

谢双福

　　山西省盂县北下庄乡獐儿坪村人,1928年9月出生,1945年7月入伍,1948年9月入党,203师609团1营战士,荣立三等功两次,1953年7月退伍。

抗战中谢双福是运输兵，那时候为了保障前线弹药充足，经常冒着炮火，在枪林弹雨中将弹药送到阵地前沿。一次运送弹药，在敌人炮火封锁下，他大胆沉着，圆满完成了任务，荣立三等功。

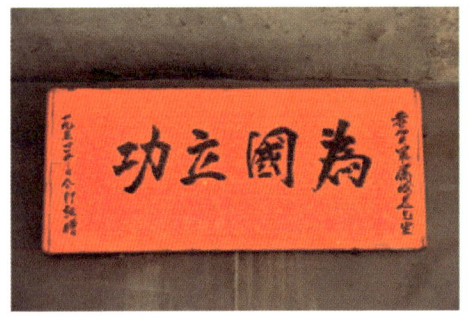 

在一次战斗中，天还未亮，谢双福在炮兵阵地突然发现一个班的敌人鬼鬼祟祟向阵地袭来。趁敌人不注意，他勇敢地冲过去，把走在最后面的一个敌人的枪夺了下来。这时，远处枪声四起，一个班的敌人惊呆了，摸不着头脑，仓皇逃跑。谢双福一边追，一边高喊："缴枪不杀！"敌人还是一直在逃跑，谢双福追到一个提水灌溉车旁，开枪打死了一个敌人。敌人被镇住了，把枪放下，举起手来！也许是听到了四处的枪声，也许是看到提水灌溉车旁立着三杆一人高的刀枪，敌人缴械投降了。谢双福活捉了一个班的敌人，又缴获了 11 支步枪、1 支小手枪。他在押送 11 个俘虏回营部时，俘虏兵自言自语地说，闹了半天，就他一个人把我们俘虏了。战斗结束后，谢双福光荣入党。

吕殿寿

　　山西省盂县下社乡会里村人,1931年9月出生,1948年入伍,西北军区空军干部教导总队通信班班长、6军17师2营机炮连2排机枪班战士,1950年退伍。

曾参加过解放西安、兰州等战役战斗和新疆剿匪。

他们是一座座历史的丰碑，经历了血与火的洗礼。在那个黑暗的年代中，正是他们用自己的热血守护我们的家园。

致敬，向用鲜血和生命浇灌了共和国的老兵们！

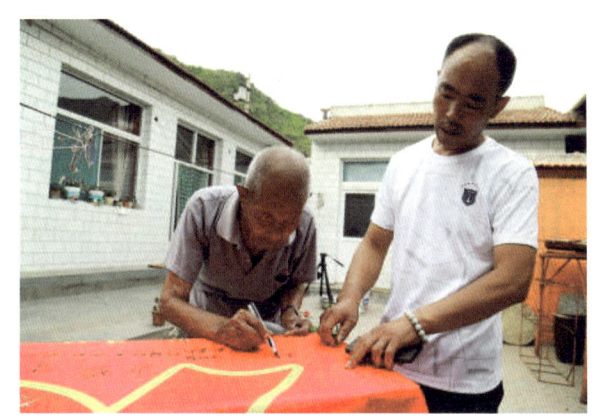

王养富

　　山西省盂县北下庄乡榆林铺村人,1927年9月出生,1945年6月入伍,晋察冀军区二分区教导旅1团3营9连战士,1948年10月退伍。

王养富老人说,战争极其残酷,自己能活下来是幸运的。虽然左腿、右腿在战斗中都负了伤,造成行动不便,但他从未后悔过参军。

1948年,为了夺回集宁,和傅作义的部队展开了一场血战。两支部队各占领一座山头,由于距离很近,手榴弹都可以扔过去。他趴着扔不远手榴弹,就站起来扔,结果机关枪打过来,他的两条腿膝盖以下中了4颗子弹。

武占魁

　　山西省盂县秀水镇北关村人，1926年1月出生，1949年4月入伍，1950年入党，炮兵6师41团2营7连通信员，三等功臣，1955年3月退伍。

曾参加过解放战争和抗美援朝战争。

武占魁老人回忆,在抗美援朝的某次战役中,他们连一举打败了由美国牵头的联合国军队中的土耳其加强连,配合大部队攻占了嘎日岭。

老人讲:"前沿阵地上我连指挥所周围硝烟滚滚,炮火连天。炮弹爆炸的黑色烟火笼罩着大地,贴在地面上的机枪残忍地扫射着。我正在繁忙地操纵电台,接受并传达命令。突然,耳机里的声音没有了。检查机器,电台完好无损。拨动旋钮,改变频率,仍然无济于事。指挥所与上下失去联系,战情十万火急,怎么办?我不顾一切冲出指挥所,冒着敌人的炮火及生命危险接通了线路。"

线路通了,接到指令,向嘎日岭开炮并发起总攻。遭到突然打击的土耳其守军即刻陷入一片混乱之中,匆忙后撤。武占魁连配合正面进攻,激战10分钟,全面占领了嘎日岭。

嘎日岭战役胜利后,武占魁所在连队荣立集体二等功,武占魁本人荣立三等功。

- 62 -

贾焕祥

　　山西省盂县秀水镇西关村人,1930年1月出生,1946年4月入伍,1949年入党,66军196师586团2营5连1排5班卫生员、班长,荣立三等功两次,1976年退伍。

曾参加过解放石门、太原、涞水、大同、应县等战役战斗及抗美援朝战争。

战争年代，卫生员是特殊的兵，虽然不需要带头冲锋陷阵，但是在战场上，生存即战斗。

回顾那段峥嵘岁月，贾焕祥老人语调一直都很平和，仿佛是在叙述着别人的故事，但在老人坚毅的眼神里是一名老兵的荣耀。"能够成为一名战地卫生员，是我的骄傲！"这是贾焕祥老人的心声。

第一次战役打响,箭在弦上。贾焕祥所在卫生队背起药箱就出发!敌人的炮弹像雨点一样落在卫生员们的身旁。贾焕祥冒着敌人的炮火,抢救伤员,最后虽然卫生队牺牲得只剩下他一个人了,但他没有退缩。他为轻伤战士包扎,将重伤战士背上往山下转移,勇敢地抢救着伤员。战场上他把革命利益放在首位,把自己的生死置之度外抢救伤员,补充了战斗力量,为战斗胜利做出了应有的贡献。

贺成章

　　山西省盂县秀水镇贺村人,1931年6月出生,1949年入伍,66军196师炮兵营大八一无线电台报务员,立功两次,1956年1月退伍。

曾参加过朝鲜战争。

银线连接千军万马,电波穿破朝鲜长空。大八一无线电台、步话机,使得志愿军炮兵拥有了可靠的眼睛,就是通过前线的报务员,及时呼叫炮兵精准打击、火力支援。

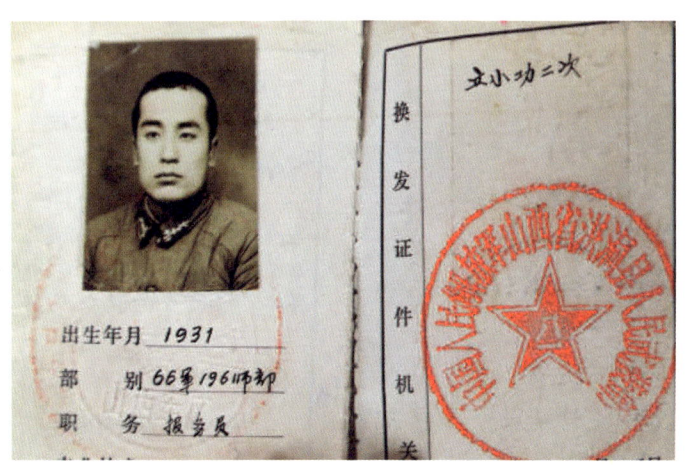

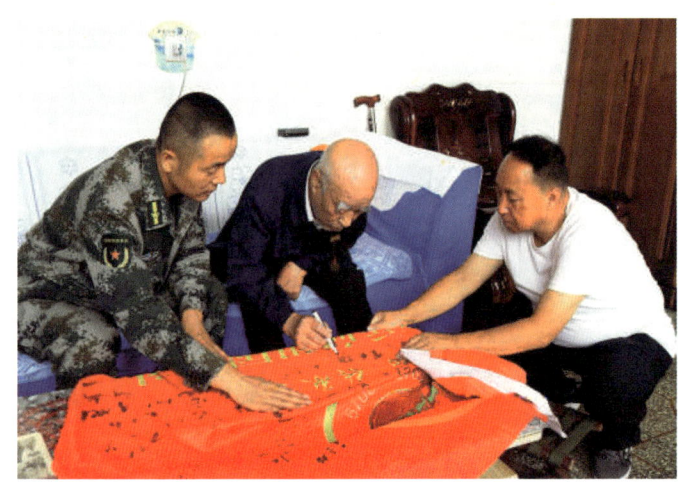

"当我戴上耳机,听到红色电波传来胜利的消息时,真是高兴极了。"贺成章老人有些手舞足蹈地描述着。

施鉴荣

　　山西省盂县秀水镇西关村人,1932年10月出生,1949年入伍,83250部队司令部炮兵警卫连、特务连战士,1978年8月退伍。

中国人民解放军南京军区 奖状

兹有施鉴荣同志

在一九五九年度[illegible]

[illegible]记三等功一次。

特授予奖状以资奖励

[illegible]

1959年12月 日

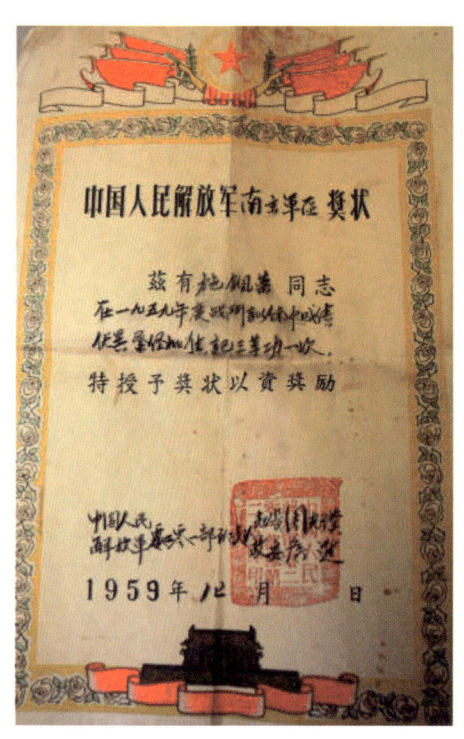

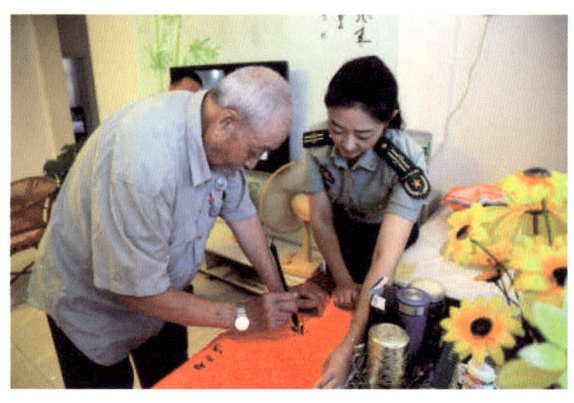

曾参加过解放战争和抗美援朝战争。

施鉴荣老人说:“我们在部队是特务连,特务连是一个藏龙卧虎的团队,战士们个个精明强悍,反应迅速,机智灵敏,同时要求政治合格,有一定的文化基础。战争时期,特务连的干部多从战斗英雄和有丰富战斗经验的老兵中挑选。”

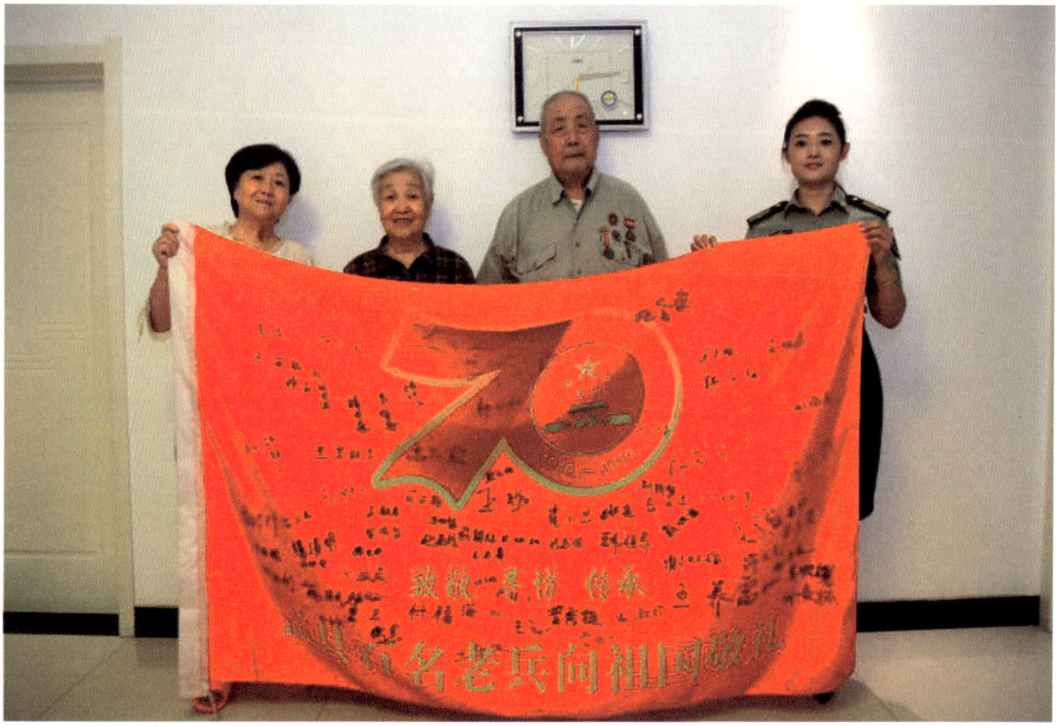

赵丙仁

　　山西省盂县秀水镇东寨村人,1928年12月出生,1947年1月入伍,晋察冀军区4纵队11旅33团1营3连战士,因战伤残,1948年10月退伍。

赵丙仁老人讲:"敌进我退,敌驻我扰,敌疲我打,敌退我追,毛主席的十六字诀非常好啊!那时候敌人武器先进,所以不能硬打,打不过就撤退,然后趁敌人放松警惕,再杀他个回马枪。

"我们常常在手榴弹上绑上辣椒面投向敌人,致使他们呼吸困难、视力模糊,在敌人没有缓过劲来的时候,我们冲上去,消灭了敌人。"

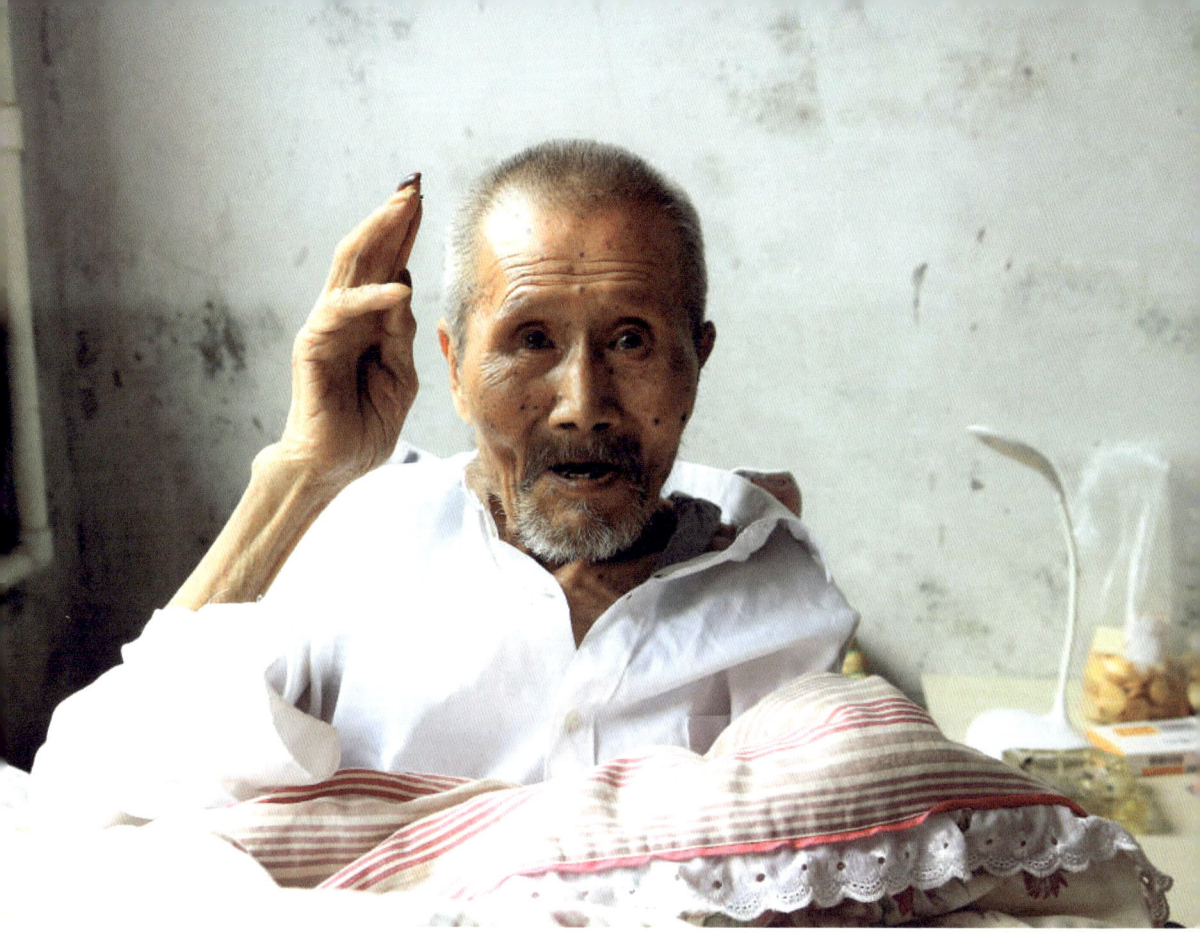

刘壮利

　　山西省盂县秀水镇东城武村人,1930年1月出生,1949年4月入伍,64军180师炮兵营副班长,因战负伤,1954年6月退伍。

曾参加过解放战争和抗美援朝战争。

1951年5月25日,在汉江战役中刘壮利奋不顾身地冲向敌阵地,英勇杀敌,光荣负伤。

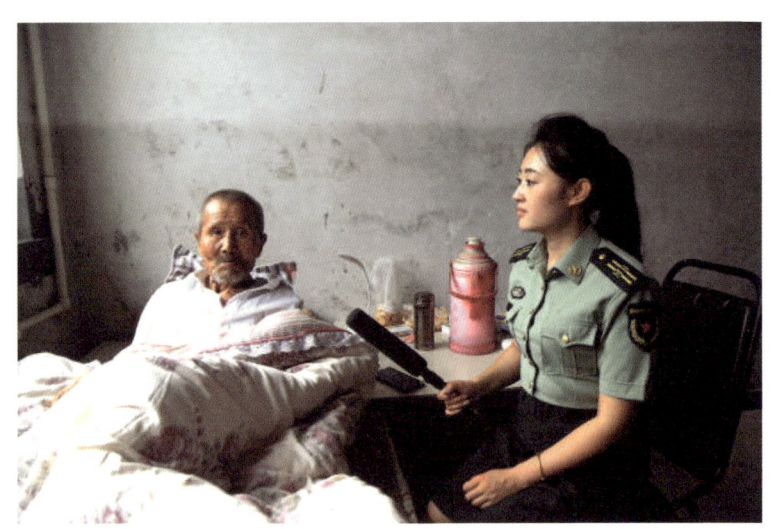

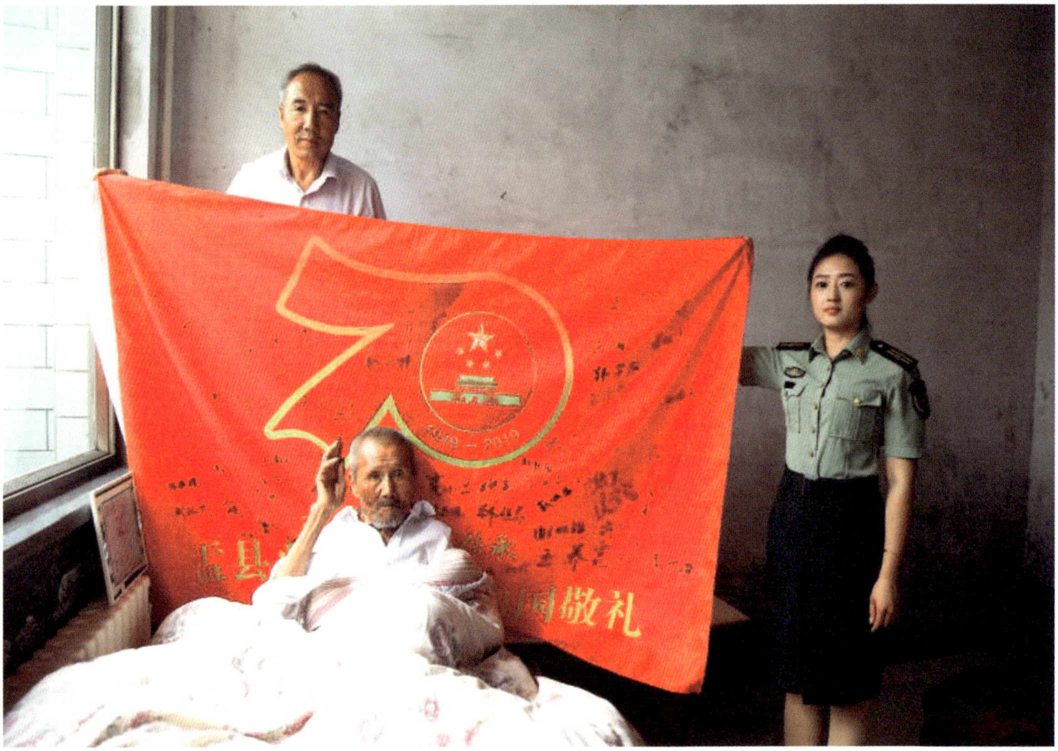

张满银

　　山西省盂县秀水镇南关村人,1929年10月出生,1943年4月入伍,68军203师607团警卫连指导员,1962年7月转业。

曾参加过抗日战争、解放战争和抗美援朝战争。老人一年四季都把党员徽章戴在胸前。

14岁的小八路张满银在盂县上社一带,夜袭日军营房,夺武器、打鬼子,杀敌勇敢,不怕牺牲。张满银老人讲:"当兵不怕死,怕死不当兵。"

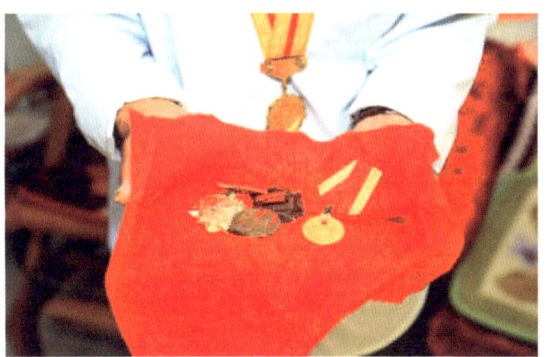

尹桂元

　　山西省盂县秀水镇上南庄村人,1931年5月出生,1948年入伍,1948年10月入党,第一野战军6军17师50团1营3连1排3班机枪班战士、志愿军282部队班长,1957年4月退伍。

曾参加过解放西安、宝鸡、兰州,新疆剿匪等战役战斗及抗美援朝战争。

尹桂元老人讲,朝鲜战场上,他们曾在零下30摄氏度、积雪数尺的高山上,连续作战数昼夜。冒着敌人的炮火,徒涉刺骨的冰河,攻占敌人的防御阵地。忍饥挨饿,但仍坚决地完成了光荣的战斗任务,哪怕只剩下一个人,也必须继续战斗下去。

"其实,志愿军的理想是不需要灌输的,简简单单4个字——保家卫国!"

赵宏慈

　　山西省盂县秀水镇北村人，1933 年 3 月出生，1948 年 10 月入伍，18 兵团随营学校一大队战士、排长，因战负伤，1958 年退伍。

曾参加过解放太原、兰州战役,西南入川,渡江南下。

1949年4月解放了太原。8月,18兵团对秦岭川陕公路沿线的胡宗南所部4个军和骑2旅发起进攻,使敌人向南全线撤退。因形势变化,18兵团于9月6日停止追击,此役共歼敌3700余人。

1949年10月,赵宏慈随18兵团西进陕西后入四川绵阳,渡江南下……

1949年12月30日,赵宏慈所在部队在四川绵阳俘虏了一个连的敌人,活捉一名国民党军官。

张良仁

　　山西省盂县秀水镇西关村人，1929年1月出生，1947年入伍，1948年入党，太岳军分区10旅28团团级干部，1995年2月平反改办离休。

　　张良仁老人，一头白发，面色红润，说话铿锵有力，很难想象他已是九旬高龄。
　　老人说道："1948年10月5日，太原战役打响，阎锡山派出的7个师遭到我军全面阻击。经过11个昼夜的连续作战，到10月16日，我军突破了阎军南线第一防御阵地，占领城南武宿机场，切断了阎锡山获取外援的空中通道。失去了空中运输通道，蒋介石对他们的外援就无法到达，太原就真正成了一座孤城，阎锡山十几万人马就能被我们部队生生困死。我军经过6个月围攻，进行百里火海攻坚战，直至1949年4月24日解放了太原。"
　　太原解放后，张良仁老人留在山西省直属公安大队，于1952年改编为山西省公安总队。

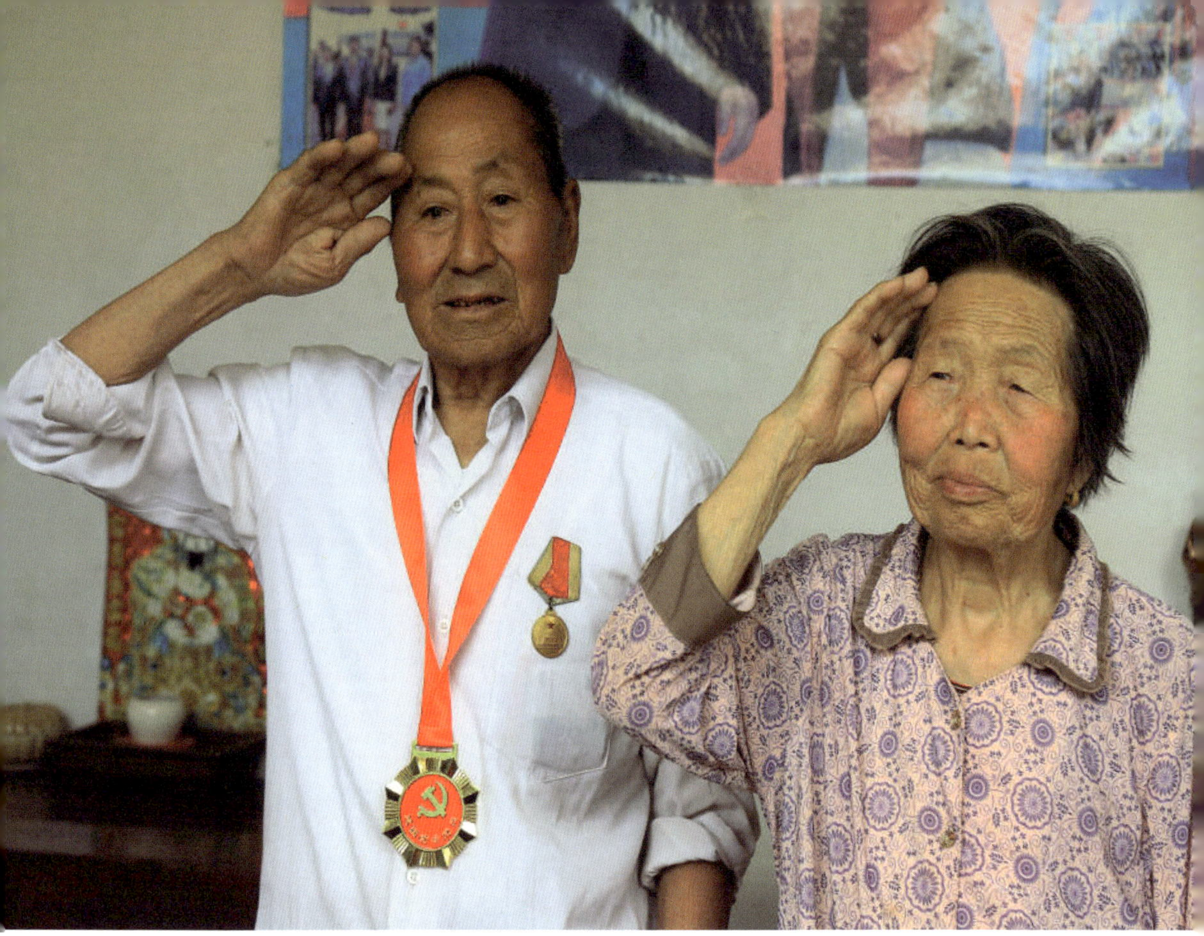

李双和

　　山西省盂县上社镇下鹤山村人,1930 年 10 月出生,1948 年入伍,1948 年 8 月入党,新疆生产建设兵团农 6 师 16 团班长,立三等 1 次,1955 年 7 月退伍。

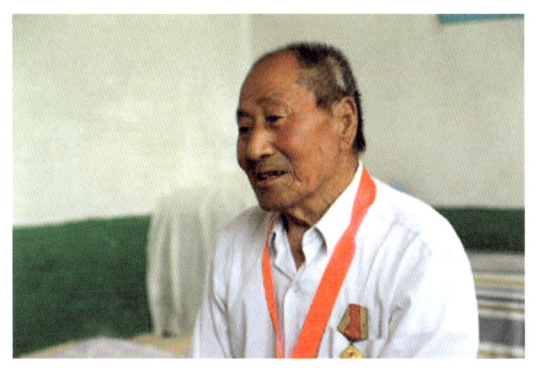
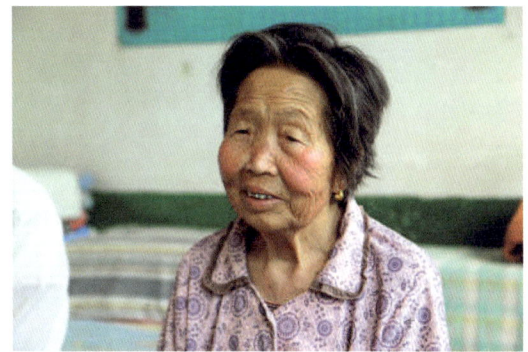

　　曾参加过解放兰州战役。

　　兰州战役是我军为解放全西北而与敌进行的一次决战，也是西北战场上规模最大、战斗最激烈的一次城市攻坚战。

　　兰州北临黄河，东、西、南三面环山，抗战时期就构筑了国防工事，国民党守军称该城为"不可攻破的铁城"。1949年8月21日首次攻击失利后，第一野战军于25日发起了第二次攻击，激战至26日12时，全歼守敌，解放兰州。

李双和的妻子任枝花,1932年12月出生,从小就和李双和定了娃娃亲,但他俩从未见面。新疆解放后,为了响应国家让家属到新疆寻亲落户的号召,任枝花踏上了赴大西北寻找李双和的道路。她来到部队,正赶上李双和在团部接到平叛作战和剿匪任务。有人让李双和见一见妻子再走,可李双和对传信的人讲:"大敌当前,要以国家和人民安全利益为重,我个人问题算得了什么,还是等我执行完任务回来再见吧。"身后是和平,面前是战争。拿起钢枪,就要放下儿女情长。

李双和执行任务走后,任枝花报名参加了农6师16团,李双和在前方剿匪,她在后方工作,直至1955年她同李双和一起退伍回乡。

冯双福

山西省盂县上社镇外独头村人,1931年8月出生,1948年3月入伍,1949年入党,6军16团47团3营9连警卫员,荣立三等功1次,1954年退伍。

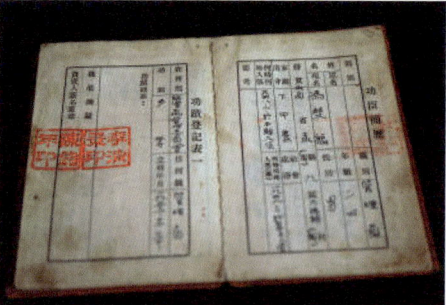

曾参加过解放大西北和新疆剿匪。

冯双福老人说,解放战争中,牺牲的战友不计其数,今天的幸福生活,都是很多人用鲜血和生命换来的,来之不易啊!

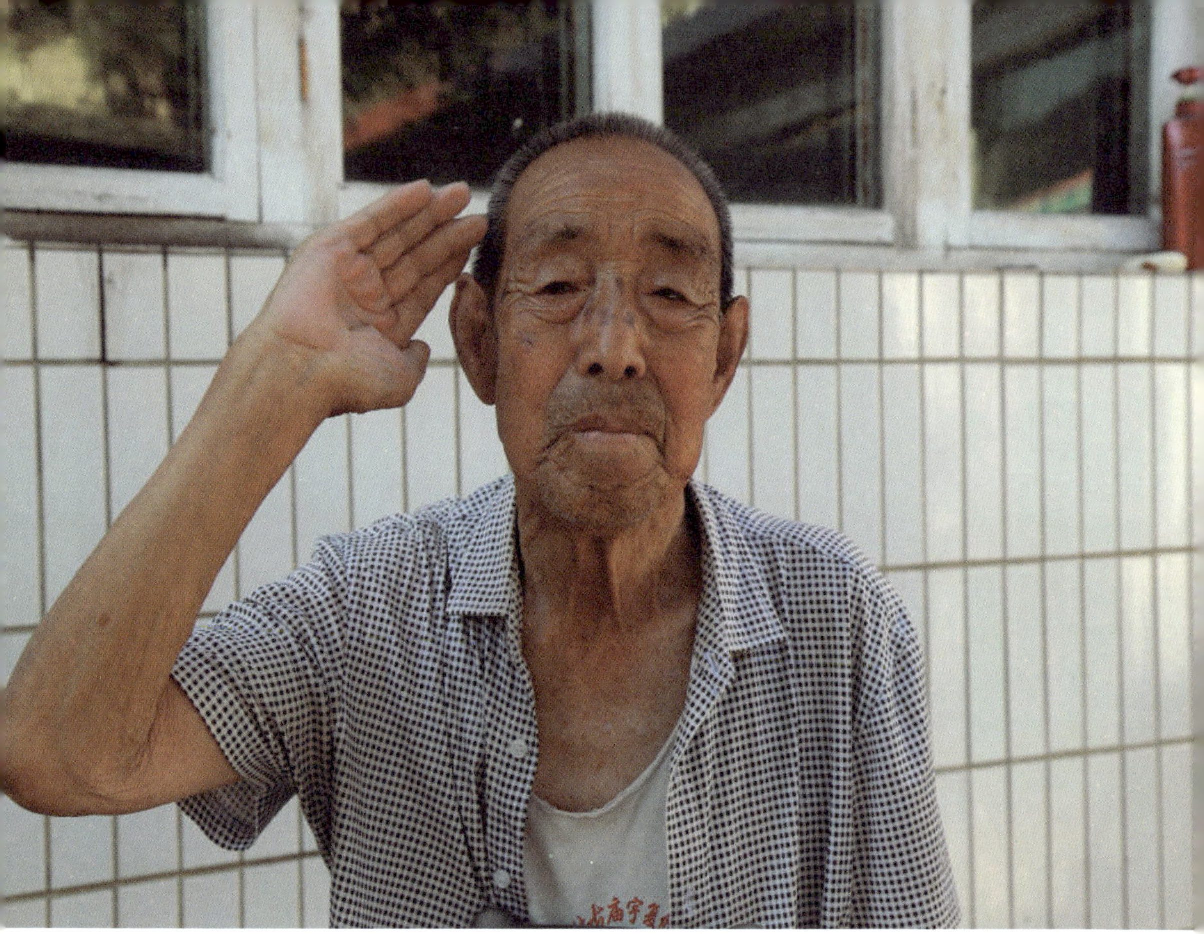

路巨旺

　　山西省盂县梁家寨乡闫家庄村人，1929 年 11 月出生，1946 年入伍，1947 入党，盂寿大队侦察排侦察兵，1950 年退伍。

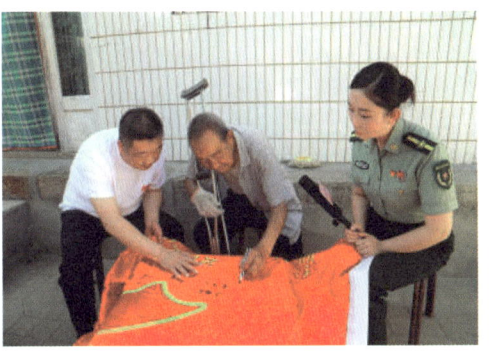

曾参加过抗日战争、解放战争。

路巨旺随部队保护麦收、秋收,侦探敌情,勘察地形,多次因出色的表现,受到部队表扬。

一次执行任务,他不幸被炮弹弹片击中受伤。

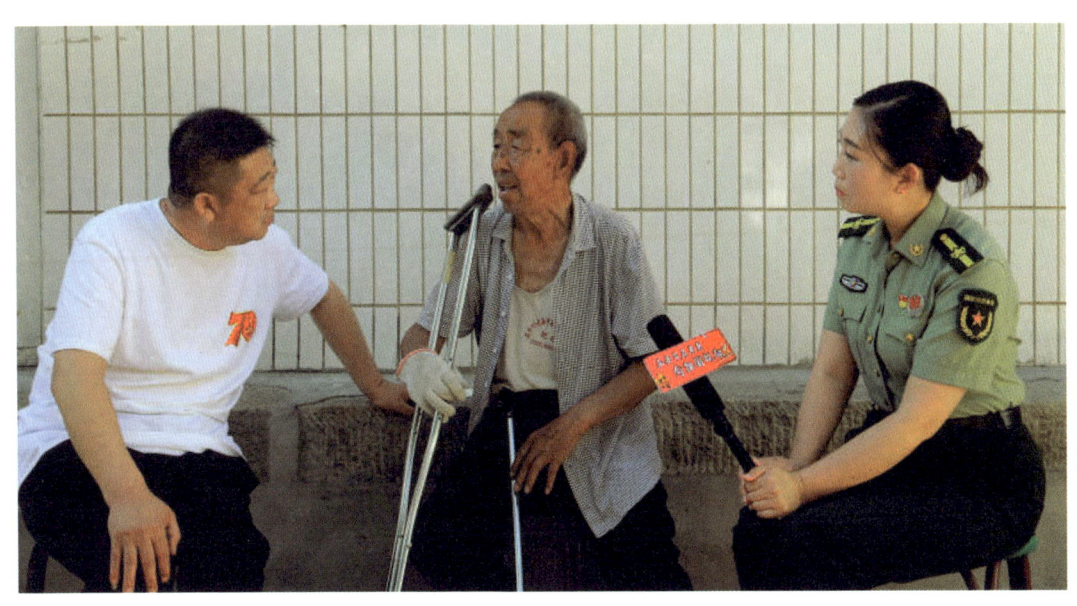

赵通步

　　山西省盂县上社镇中南村人,1927年10月出生,1946年8月入伍,1946年入党,晋察冀军区二分区4团特务连通信员,1949年3月退伍。

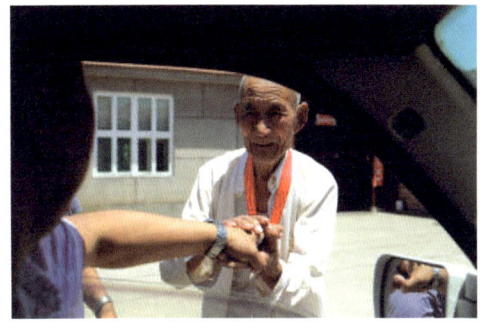

为了保障通信,赵通步一次次穿越火线。

通信是战场指挥战斗的"耳目",更是战场情报传递的基本保障。或许通信战士少有与敌人面对面拼杀的机会,但他们却通过电波,利用信息与敌人展开殊死的较量。作为一名通信兵战士,赵通步为了战斗的一次次胜利,甘愿用自己的智慧、心血乃至生命,全力保障战场通信的畅通。

崔成智

　　山西省盂县梁家寨乡小崔家庄村人,1928 年 11 月出生,1944 年 7 月入伍,1944 年入党,晋察冀军区 69 旅通信员、侦察排排长,1948 年送情报途中受伤,1949 年 11 月退伍。

　　曾参加过抗日战争中的察哈尔、承德、太原、忻口战役,解放战争中的石门、保定、唐县、定县战役战斗。

　　烽烟遮蔽天空的年代,国家处在存亡之际,崔成智挺身而出,舍生忘死,浴血奋战。70多年过去了,崔成智虽已风烛残年,但他有一个响当当的名号——抗战老兵。

韩恒寿

　　山西省盂县上社镇白藏村人,1925年11月出生,1940年入伍,1944年2月入党,晋察冀军区二分区司令部勤务员、警卫员,1948年10月退伍。

韩恒寿当警卫员时,为保护首长,头部受伤,住在晋察冀军区二分区医疗所。遇上日军"大扫荡",部队命令就地转移伤病员,多亏老乡把他们藏在一个山洞里,19天不能下山。日军每天清山,搜寻八路军,封锁了所有的交通要道。那时又赶上6月天,阴雨连绵,衣服干不了又怕被敌人发现,不敢点柴火烘干,只好湿着穿。由于缺医少药,伤口感染化脓。没有什么可吃的,轻伤员吃的是地里的蔓菁菜、嫩玉米棒,重伤员吃的是凉水拌炒面(由于不敢生火做饭,老乡只好把玉米面炒好偷偷送上山,晚上由卫生员摸黑下到山底下舀来凉水拌着吃)。韩恒寿说,那时部队和老百姓同吃一锅饭,同住一处房,同甘共苦,没有老百姓的支持,没有群众的掩护,很难取得抗战的胜利。老百姓就是八路军的衣食父母。

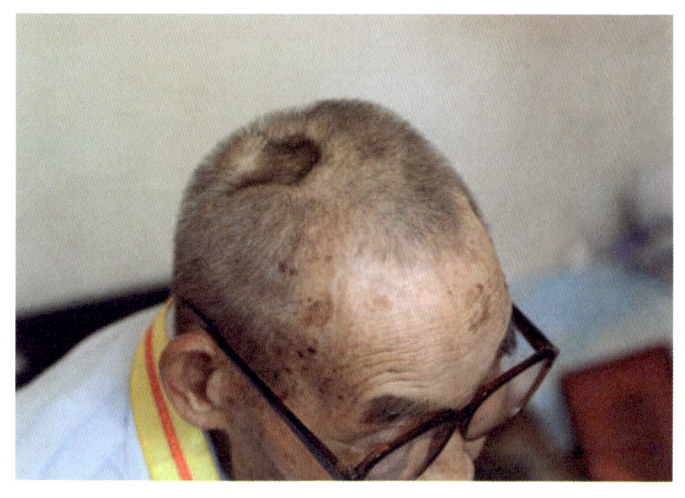

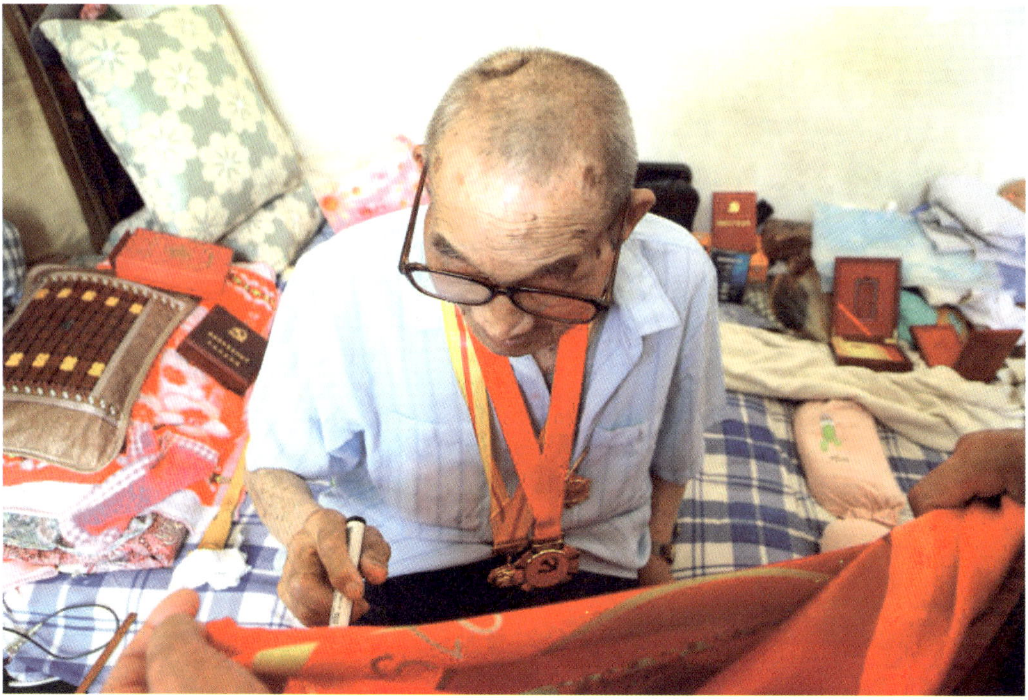

韩恒寿在抗战期间腿部受伤,到晚年,腿疼愈发厉害,现在已经不能行走。不过,纵有一身伤病,但从枪林弹雨中走来的韩恒寿对自己的这段战斗历程感到很自豪。

鄙心林

　　山西省盂县路家村镇皇后村人,1927 年 4 月出生,1945 年入伍,华北野战军 4 纵队 11 旅 2 团通信班班长,1948 年 3 月在河北徐水漕河车站因战致残,1948 年退伍。

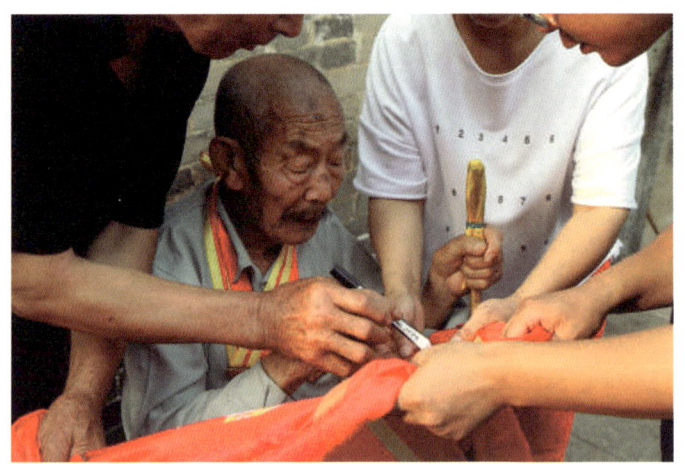

曾参加过解放石门、清风店、望都、晋县等战役战斗。

1948年，在攻打徐水县漕河车站那次战役中，整个战场炮火连天，血流成河。他所在团的任务是：攻占漕河桥，阻断保定守敌的退路。首长命令鄀心林到前沿阵地找6连连长传信：坚守阵地，只能攻，不能退！

郜心林冒着敌人的炮火奔去,到了阵地,却找不见连长,班长告诉他,连长生死不明。他继续寻找连长……敌人发现了他,用重机枪对他进行扫射,炸伤了他的肚子和腿,鲜血直流,肠子也露了出来。班长让他撤退,他硬是不下火线,一手捂住伤口,一手端枪继续爬行寻找连长,直到昏过去。等他苏醒过来时,4个老百姓冒着枪林弹雨把他抬下战场。

他说,要不是那4个老百姓及时救下他并送往医院抢救,他早就没命了,哪里能看到现在日新月异、繁荣昌盛的祖国。

李锡明

　　山西省盂县秀水镇泥河村人,1927年11月出生,1945年9月入伍,晋察冀军区独立1旅4团3营9连3排战士,1949年7月退伍。

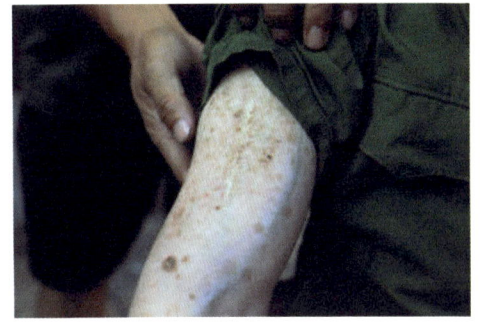

曾参加过解放清风店、榆次等战役战斗。

1948年,在一次进攻战役中我军歼灭了国民党军队大量有生力量,为太原彻底解放打下了坚实的基础。在那次战役中,李锡明在攻打敌炮楼时右胳膊被子弹打穿,小腿也被打伤,当时就昏了过去,转入后方医院后才醒来,在医护人员的精心治疗下才保住了性命。

李锡明老人说,比起牺牲了的战友,能活下来是十分幸运了,那时那么拼命,就是为了消灭敌人,让老百姓过上安稳日子。现在社会好,共产党更好!尤其是党和政府对他们老兵很关心,他很知足。

胡静山

　　山西省盂县南娄镇上曹村人，1931年5月出生，1949年4月入伍，66团3营9连军械员、通信班班长，1956年2月退伍。

曾参加过解放战争、抗美援朝战争。

胡静山老人回忆当年并肩作战的战友们牺牲时的情景,不禁泪流满面。

一次执行任务,他带着4个战士遇到敌机。他凭经验,躲过了一颗颗炸弹,在两名战友牺牲的情况下,他依然圆满地完成了任务。

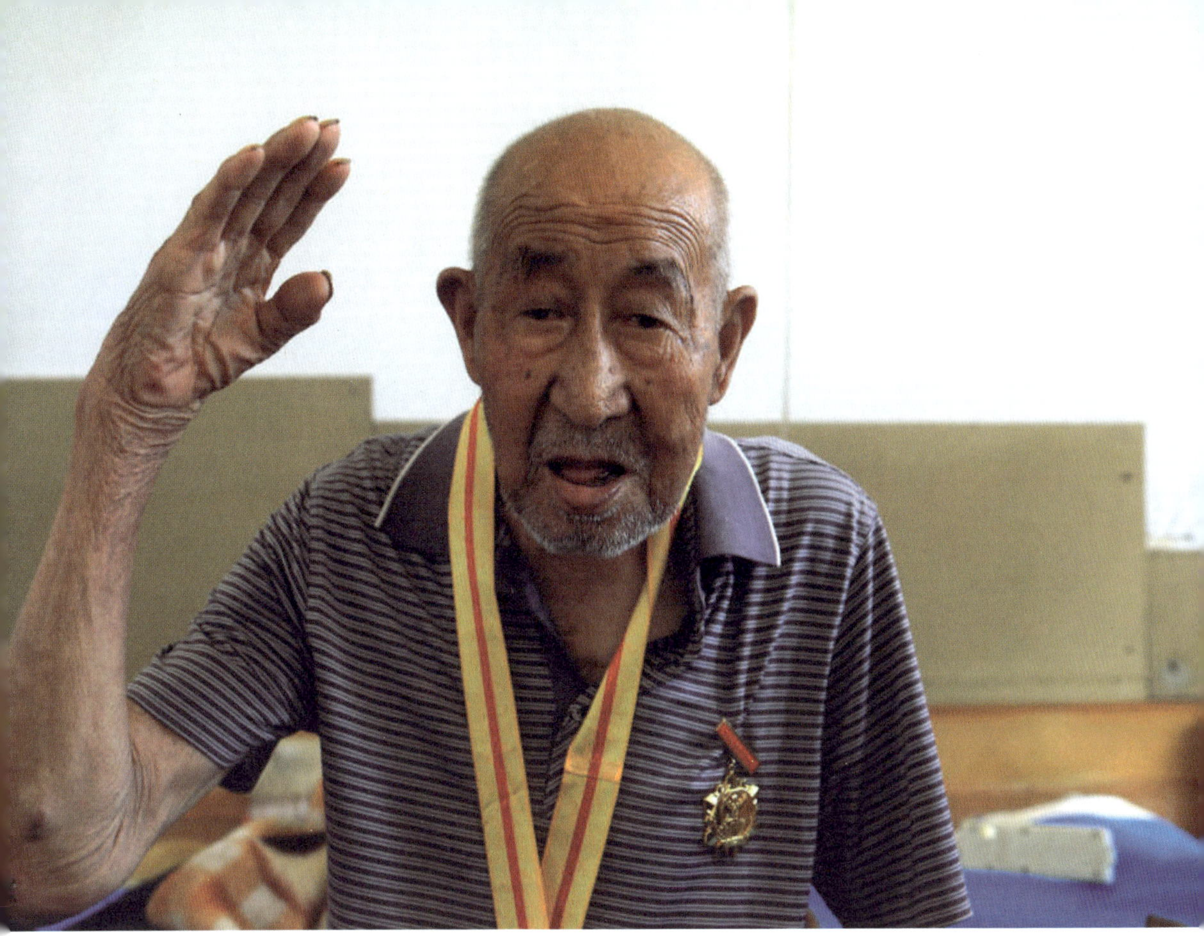

许七毛

　　山西省盂县南娄镇许家沟村人,1926年11月出生,1945年入伍,晋察冀军区二分区1旅1团1营1连1排1班班长,1947年4月在山西定襄战斗中受伤,1947年退伍。

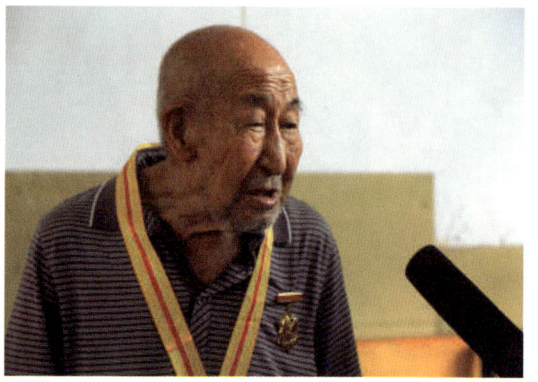

一次攻打敌人的碉堡时，里面有好几挺机枪向外射击，火力很猛，1团打了四天四夜也没有打下来，赵团长就让许七毛去执行这个任务。他悄悄爬到碉堡跟前，把10颗手榴弹捆在一起，拉出导火线，把手榴弹从那个射击孔里塞进去，里边的敌人没有发现。他大声喊："投降吧！不投降我就拉导火线了！"里边的敌人知道大势已去，就都出来投降了。

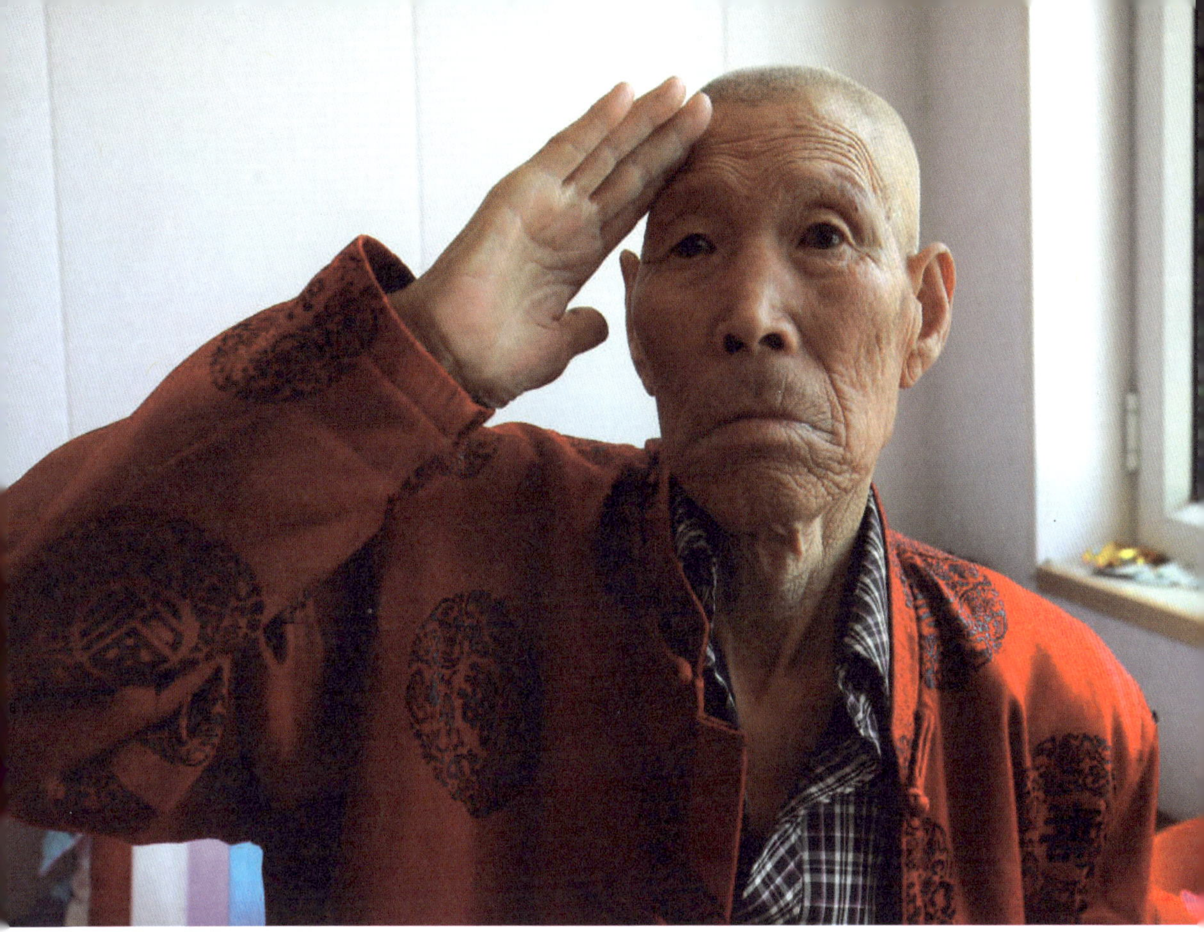

南存明

　　山西省盂县西烟镇南头村人,1931年11月出生,1949年1月入伍,66军196师独立营通信连战士,1954年11月退伍。

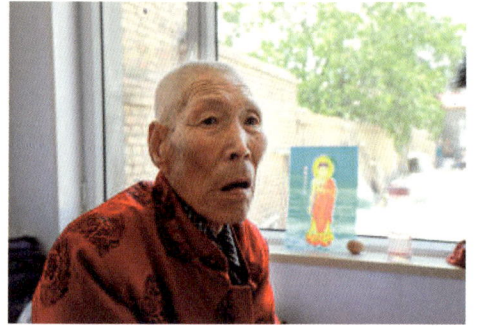

  曾参加过解放太原、大同战役战斗和抗美援朝战争。

  2019年7月12日，我们接到老兵南存明子女的电话，说他们的父亲，已经五天五夜没吃东西了，子女们都从外地赶回家守候着老人。我们一大早驱车，赶到西烟镇南头村老人家里，老人静静地躺在床上，脸色是那么憔悴，嘴唇也是那么苍白，用一双蜡球似的呆滞的眼睛望着我们。当他的子女告诉他我们寻访老兵时，不知是哪里来的力量，老人突然坐了起来，几次欲开口，但最终没能说出一句话来。虽然老人什么都没有说，但我们已读懂了老人想要说什么……

郭秉山

　　山西省盂县南娄镇涧沟村人，1929年出生，1948年入伍、入党，南京海军预科学校学员，1954年2月退伍。

曾参加过解放大西北和新疆剿匪。

在陕西的一次战斗中,敌人的子弹打在郭秉山的胳膊上,衣服也被打开了花,但他轻伤不下火线,一直坚持到战斗胜利结束。

张金和

　　山西省盂县南娄镇西小坪村人,1926 年 9 月出生,1947 年入伍,66 军 198 师工兵连战士、警卫员,1955 年 3 月退伍。

曾参加过解放战争和抗美援朝战争。

1950年4月14日，海军司令部正式成立。朱德到秦皇岛视察海军基地，在为海军基地成立的题词中提道："建立一支足以抵御强敌的人民海军。"张金和老人有幸见到了朱德委员长。1950年10月，张金和随部队开赴抗美援朝战场。

刘昌林

　　山西省盂县秀水镇北关村人,1930 年 2 月出生,1948 年 2 月入伍,1949 年入党,第一野战军 6 军 16 师 46 团文书,1955 年 2 月退伍。

曾参加过解放西安、兰州等战役战斗和新疆剿匪。

1949年初辽沈、淮海、平津三大战役的胜利，奠定了全国胜利的基础。在西北战场，第一野战军春季战役，迫使胡宗南集团收缩兵力。

5月17日晚，第一野战军6军接到解放西安的命令后，连夜动员准备。18日，即从三原县大程镇出发，昼夜兼程，挺进咸阳。

1949年5月19日，6军各师到达渭河北岸。20日拂晓，在密集的炮火掩护下，6军全线抢渡渭河成功，全歼河防守敌，直逼西安。

刘昌林所属第一野战军6军16师46团担负攻打南门的任务，刘昌林与战友们冒着被机枪扫射、炮弹横飞的危险，一次次冲锋。一个连倒下了，另一个连接着顶上去。战士们前仆后继，浴血奋战，终于攻下南门进入城内，占领了机场，控制了西安，国民党在西安的统治从此宣告结束。

有一种使命，要用血与火来铸就，要用生与死来考验；有一种担当，要用血肉之躯去冲锋，要用无畏生死坦然去面对。这，就是共和国的老兵刘昌林。

刘 鋆

　　山西省盂县南娄镇南河村人,1924年12月出生,1948年11月入伍,特种兵第三指挥装甲团部司务长,1949年3月退伍。

　　身在军营，人人都是战斗员，后勤岗位也能建功立业。当炊事员期间，刘鏊从每天的菜肴中总结经验，与战友们沟通交流，了解来自五湖四海官兵的口味，把饭菜做好。

　　打仗行军,后勤人员也在服务保障中尽己所能,让官兵吃上家乡味道,吃出战斗力!

　　刘璗老人身体硬朗,骑行在路上,风景在眼中,内心深处感受着祖国的伟大与美好!

崔昌秀

山西省盂县南娄镇北娄村人,1929年2月出生,1948年3月入伍,西北野战军6纵队771团2营2连2排4班机枪手,1950年3月退伍。

曾参加过解放战争。

战场上死亡如影随形。崔昌秀老人回忆,在陕西同国民党军的一次战役中,敌人的炮火中夹着燃烧弹,身边的树木杂草被燃烧弹点燃,阵地变成了火海。只要离得很近,就会葬身火海,有的战友就是被燃烧弹烧死的,场面异常惨烈。连长在那次战役中身负重伤,脚都被炸没有了,排长、班长都壮烈牺牲了,身上布满弹孔,血把衣服都染成了黑红色。朝夕相处的战友,就这样倒在了血泊之中……

韩开通

　　山西省盂县梁家寨乡沙湖滩村人,1932年6月出生,1947年8月入伍,1949年9月入党,东北军区463医院班长、护士长,荣立三等功3次,1957年7月退伍。

曾参加过解放战争和抗美援朝战争。

韩开通是那段峥嵘岁月的亲历者，也是那场残酷战争的参与者。国家危亡之际，他义无反顾地投身于抗美援朝队伍中。作为一名战地卫生员，尽己所能在队伍中发光发热……

他冒着生命危险在后方部队默默护理伤员，为抗美援朝贡献自己的力量。

抗美援朝时期，整整3年韩开通和家人音信断绝，直至胜利后才回到父母身边。在这3年中，他不敢给家里写信，他担心大义在亲情中会慢慢消融。

侯学智

  山西省盂县牛村镇牛村人,1926 年 3 月出生,1941 年入伍,加入晋察冀军区二分区 4 团,华北野战旅 1 团 1 营 3 连连长,1949 年 3 月在太原风格梁战斗中因战负伤,1950 年 1 月转业。

参加过抗日战争中的百团大战,解放战争中的太原战役、狮脑山战斗。

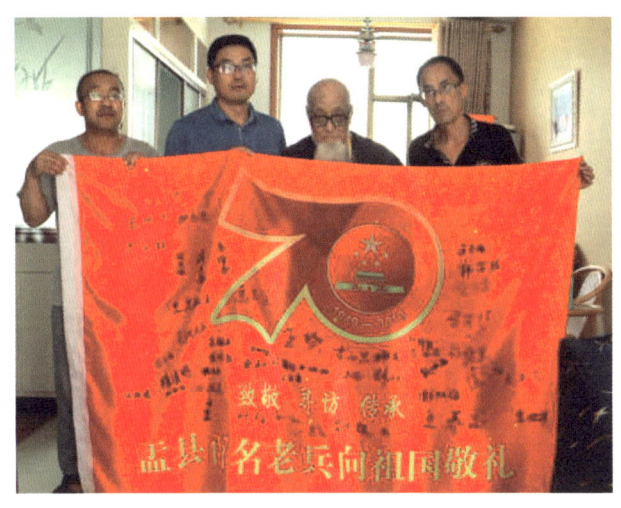

15岁的侯学智奔赴抗战前线浴血杀敌,与日军多次作战。重温那段波澜壮阔的峥嵘岁月,老人说,抗战极其残酷,胜利是用生命和鲜血换来的,希望后人一定要牢记。解放太原时,他们穿地洞、城墙,袭击敌人。我军一次又一次攻占了阵地,敌人一次又一次进行反扑,焦土三尺、九死一生换来了革命的胜利!

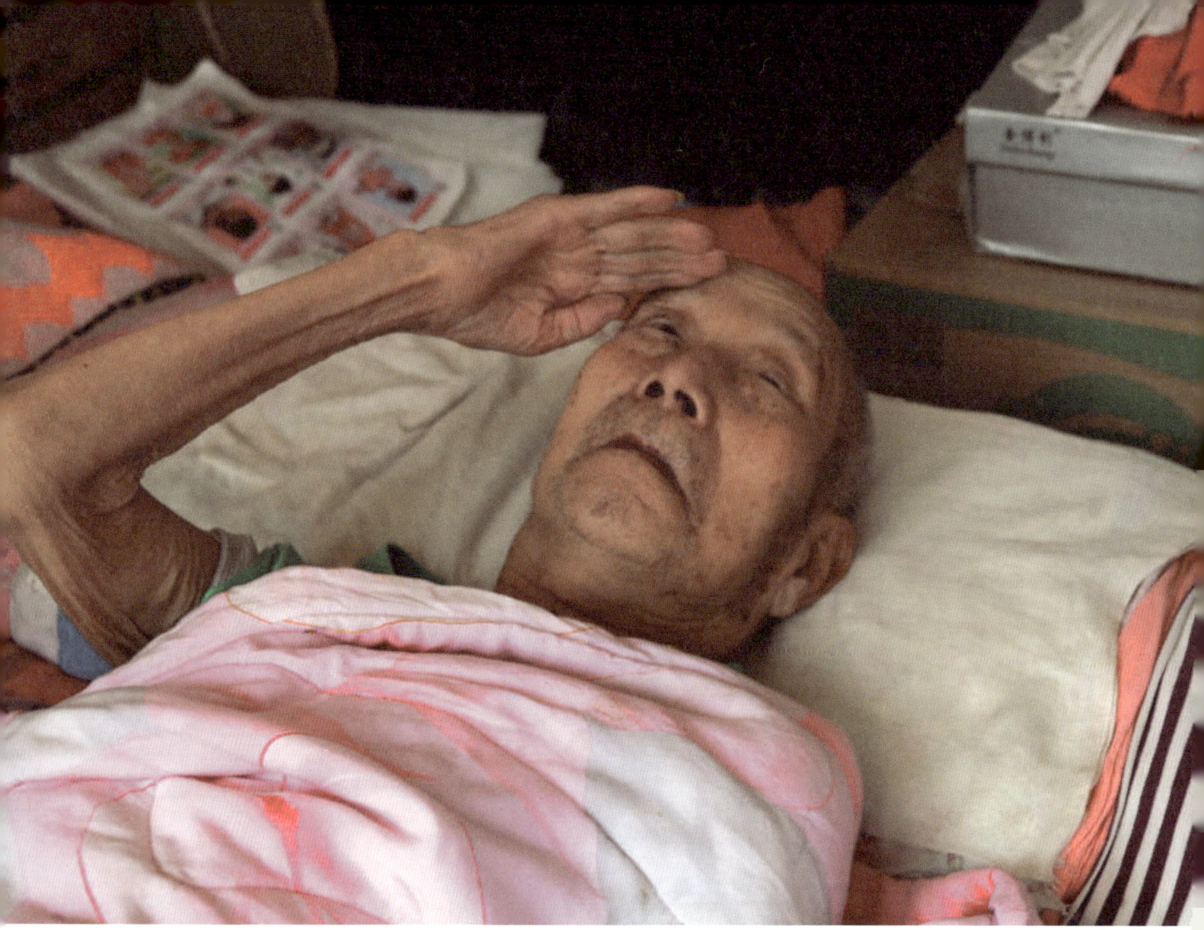

王海林

　　山西省盂县苌池镇芝角村人，1928年3月出生，1945年入伍，晋察冀军区4纵队10旅29团3营7连机枪班战士、班长，1947年退伍。

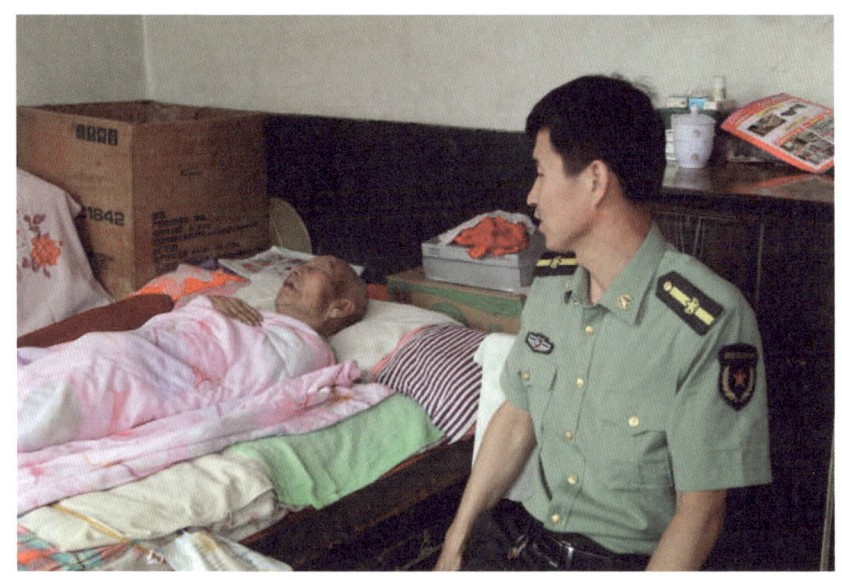

在阳高接受新兵训练后,王海林参加了应县、大同西线战役,后又参加了涞水、怀来东线战役,1946年11月在河北涞水因战致残。

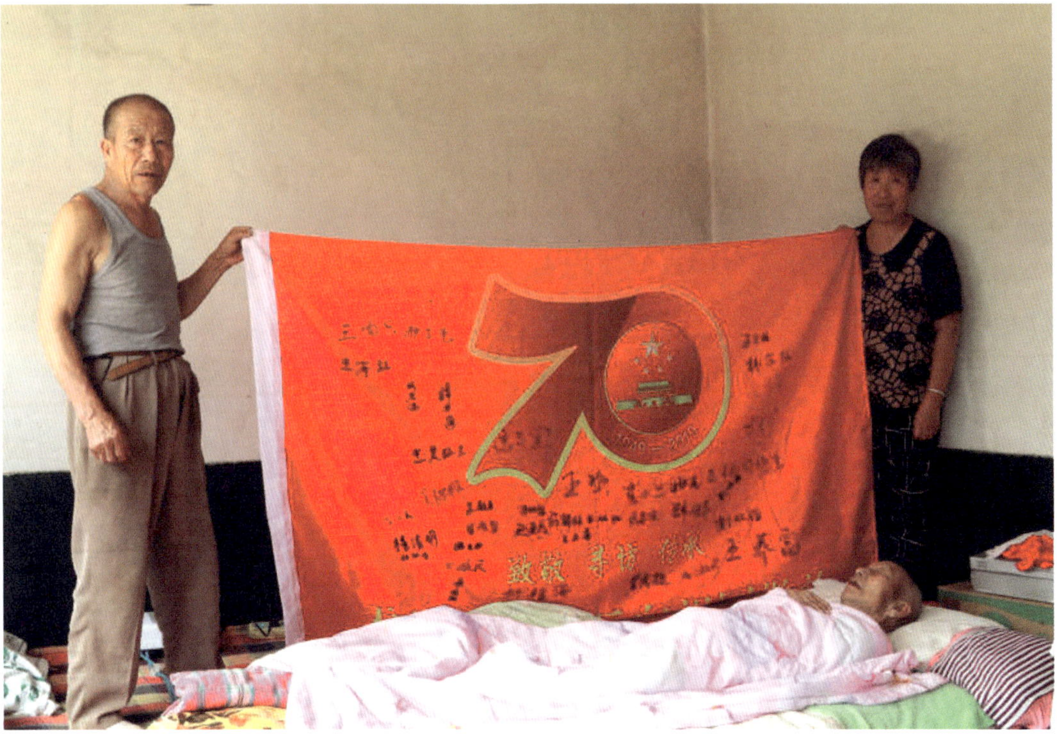

郝三毛

山西省盂县东梁乡河底村人,1932年7月出生,1948年7月入伍,68军203师607团1营8连战士,1955年4月退伍。

曾参加过解放战争和抗美援朝战争。

在河底村,见到了我们要寻访的老兵郝三毛老人,老人就那么安然地倚在门口,岁月在老兵的脸上印满了沧桑。我们在访谈中了解到,老人一直一个人过,日常生活由其侄儿照料。由于耳聋,他不明白我们的来意,对我们的访谈默默无语,我们的心里很不是滋味……

潘新珍

　　山西省盂县路家村镇庄只上村人,1930年5月出生,1947年10入伍,191师卫生营班长,荣立三等功1次,1954年11月退伍。

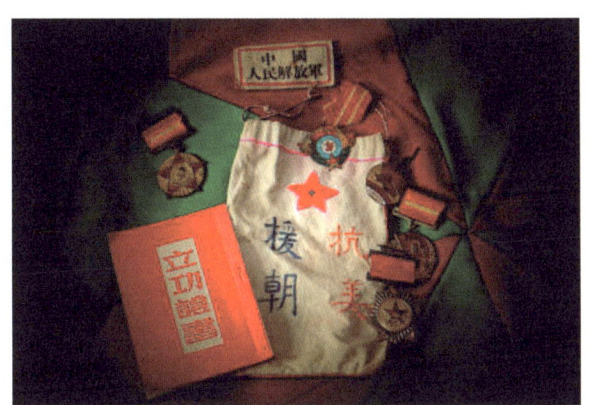

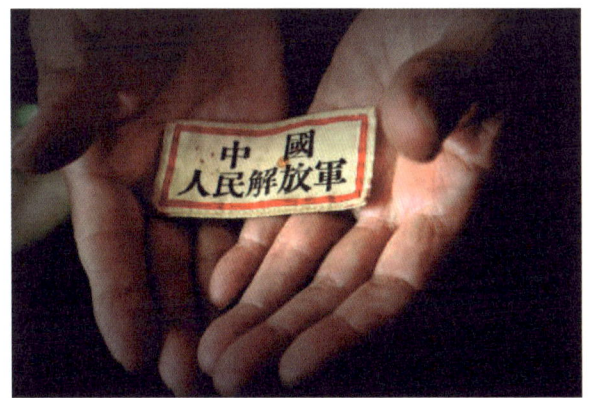

曾参加过解放东北、西北、新保安等战役战斗和抗美援朝战争。

老人是战地医护兵,他永远忘不了那血腥的一幕:"把从前线下来的残肢断臂、血肉模糊、浑身是血的战友从担架上抬到病床,我们的心也随之颤抖着。多少年以后,那血腥残酷的画面,始终在我的脑海里挥之不去。风声从耳边吹过,此刻,我却像听到了战友们与美军你死我活的拼杀声;仿佛看到了战友们的残肢,随着美军埋下的地雷爆炸声在空中落下;仿佛听到了为救战友们手术刀切开皮肤的吱吱声……无论怎样,胜利最终属于我们。"

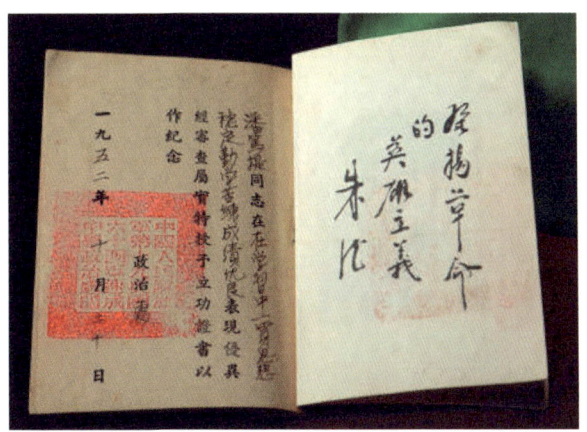

　　是谁,用时间的针脚,缝补着烽火连天的记忆;是谁,一次次满含热泪,把遥远的故乡回望。硝烟中的信仰,凝聚着无言的坚强;岁月中的风雨,诠释着老兵的担当。

贺王元

  山西省盂县孙家庄镇神头村人,1926 年 7 月出生,1948 年 3 月入伍,6 军 16 师 1 团 6 连战士,因战负伤,1949 年 8 月退伍。

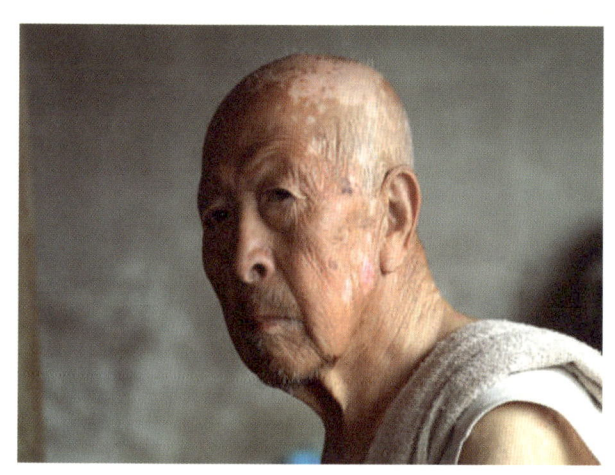

硝烟中杀敌，炮火中冲锋的贺王元，参加了解放战争。

每一名老兵都有一段扛枪打仗的经历，在与他们的聊天中，你的思绪会不由自主地随着他们的讲述游走，重新润湿那一段段历史，并有幸触及一些战场遗落的碎片，更加懂得五星红旗的鲜艳。

韩双海

　　山西省盂县上社镇白藏村人,1931年8月出生,1948年2月入伍,西北空军军政干校三大队学员,1954年退伍。

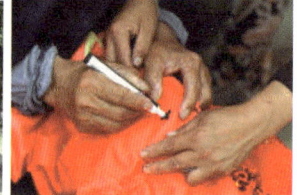

曾参加过解放西安、兰州、宝鸡、天水等战役战斗和新疆剿匪及酒泉飞机场建设。

韩双海老人说:"兰州战役中我扫地雷、扛炸药、搞爆破。一次战斗,打得异常激烈。在零下40摄氏度的寒冬,有的战士抱着炸药包扑向敌军的装甲车,顿时变成了血肉之躯;有的战士血肉模糊的手与枪粘在一起;有的战士倒在血泊之中;有的战士嘶喊着冲锋……这些战场记忆,永远深藏在我的心底。"

齐致明

　　山西省盂县仙人乡西峪村人,1925 年 7 月出生,1945 年 7 月入伍,1946 年 11 月入党,45 军 133 师炮兵营战士,1947 年退伍。

 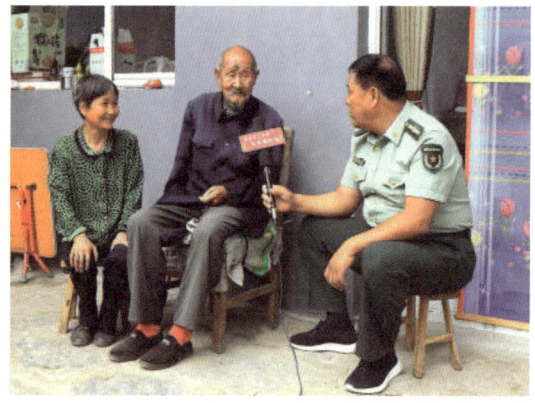

参军后随部队转战绥远（今内蒙古）、东北、武汉、承德，曾参加过辽沈战役、平津战役。

齐致明老人讲述："我在45军133师炮兵营1连当第五炮手。辽沈战役炮战打得十分激烈，敌我双方互相开炮。我们的炮弹不多，上级要求我们要稳、准、狠，在辽沈战役中我们打了一次又一次的胜仗。辽沈战役结束后，开始了平津战役。在解放天津的战役中，我们炮兵发挥了巨大的威力，摧毁了敌人的很多永久性工事。解放天津后，我们就南下，过黄河、跨长江，打到汉口，又打到黄冈。我们的口号是：急行军，出奇兵，到长沙，活捉白狐狸（白崇禧）。我们一路追，一路打，一直把白崇禧打到广西。"

张根锁

  山西省盂县牛村镇东水沟村人,1930年3月出生,1947年入伍,东北野战军11旅31团2营4连1排1班战士,1949年退伍。

参加过解放察哈尔、兵马营（今北京密云）战役及和平解放北平。

张根锁老人讲："兵马营战役总攻信号发出后，城东北角主攻方向首先开火。随着炮弹的轰鸣声，城墙上很快就出现了一个缺口，攻城战士在轻重机枪火力的掩护下，跃出掩体，越过护城河，逼近城墙。突然，从缺口两侧倾泻出暴风雨般的子弹，交织成一道立体火力墙，英勇的解放军战士接二连三地倒下，但他们前仆后继，轮番冲击，终因敌人火力过猛，战士伤亡过大而撤了下来，我军未能攻入城内。

"随着总攻信号的又一次升起,摆在城南外的山炮一齐开火,轰隆隆一阵巨响,西南城墙被炸开一个豁口。在各种火力的掩护下,突击营、尖刀连冲过壕沟,一举占领突破口,两个连相继突入城内,一个营尾随登城,分头直插纵深与敌展开巷战。由于敌人火力封锁,后继部队受阻,导致登城部队孤军作战,伤亡惨重,上一个连伤亡一个连。最后只剩下十几名战友,以刺刀、石块与敌血战,气壮山河。我们的战士冲锋陷阵,英勇杀敌,敌我双方伤亡惨重,无数官兵为国献身。"

张根锁老人讲到他负伤时说:"1948年10月解放兵马营,为了堵住35军杀回北平,我军付出了巨大的牺牲。我在那次战斗中负伤,敌人的子弹从左臀部穿过……"

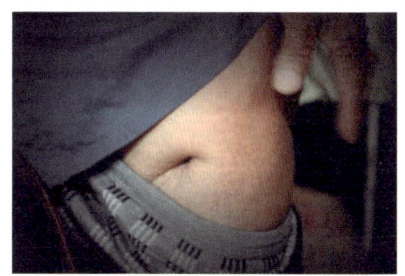

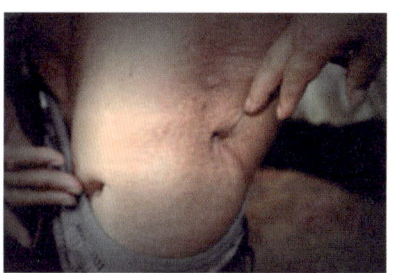

魏林海

　　山西省盂县西烟镇后沟村人,1927年4月出生,1942年入伍,华北军区20兵团66军司令部警卫员,1951年退伍。

曾参加过抗日战争、解放战争、抗美援朝战争。

老人回忆,他是张良奎政委的警卫员。他第一次打仗是在1943年,那天,日军从盂县城去西烟炮台途中,路过西烟和南社交界的长征坪。他们部队黎明前就埋伏在那里,太阳出来时日军来了,他瞄准鬼子就开了一枪,一个鬼子被他打倒了。

 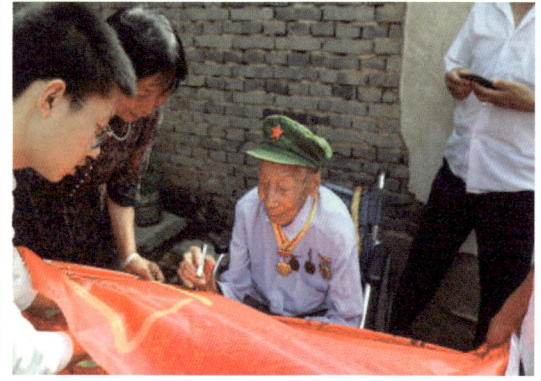

"在朝鲜战场上,一次,一颗炮弹落在我和政委身边,政委和我立即爬下,这时奇迹出现了,炮弹没有爆炸。政委开玩笑说,不知道我们俩谁命大!"

任四全

　　山西省盂县东梁乡阳坪望村人,1926年10月出生,1948年入伍,1948年10入党,西北野战军教导旅通信营战士,1954年退伍。

曾参加过解放保定、西北战役。

在保定战役的一次战斗中任四全负伤。那天突然一颗炮弹在他不远处爆炸,强烈的气浪将他掀了个跟头。等他苏醒过来时,两眼什么也看不清了,右眼被炸瞎了……

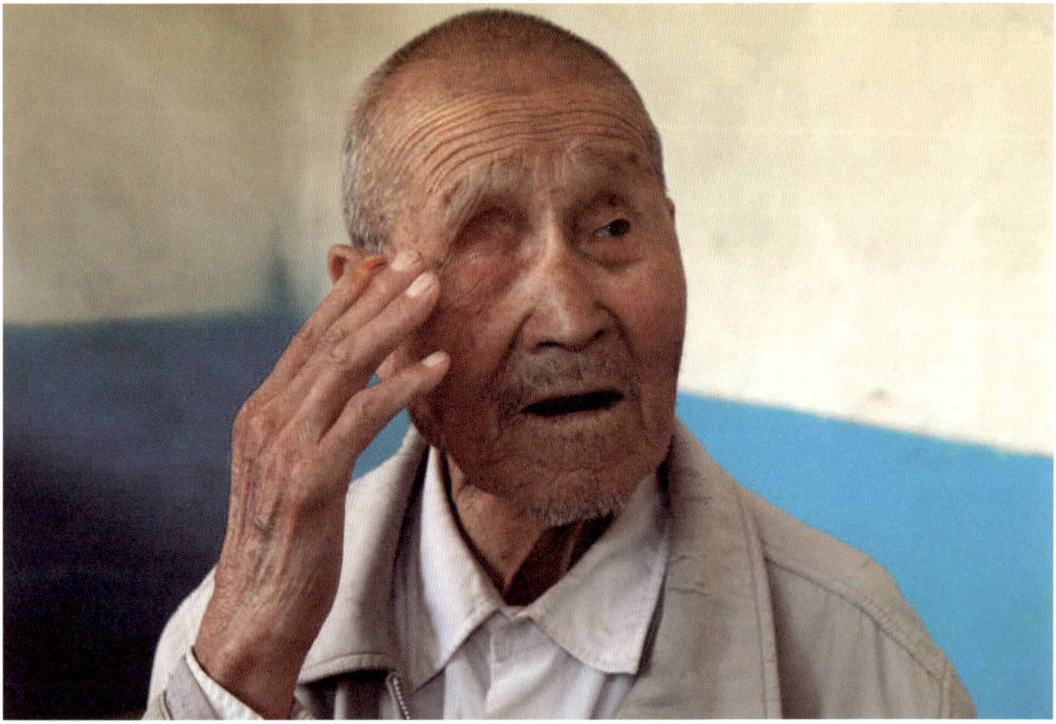

刘珍时

　　山西省盂县孙家庄镇高家庄村人,1930年3月出生,1947年1月入伍,1947年入党,晋察冀军区4纵队11旅32团3师8连班长,因战受伤,1949年4月退伍。

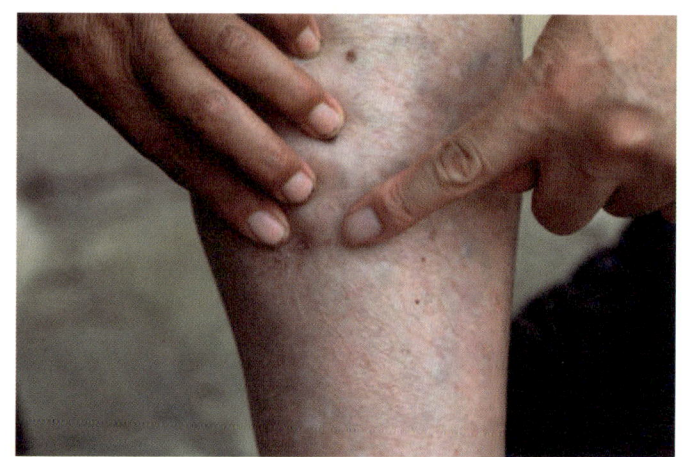

曾参加过解放清风店、石门、栾城等战役。

1947年3月，我军攻打栾城三天三夜，在这次战役中刘珍时受伤。

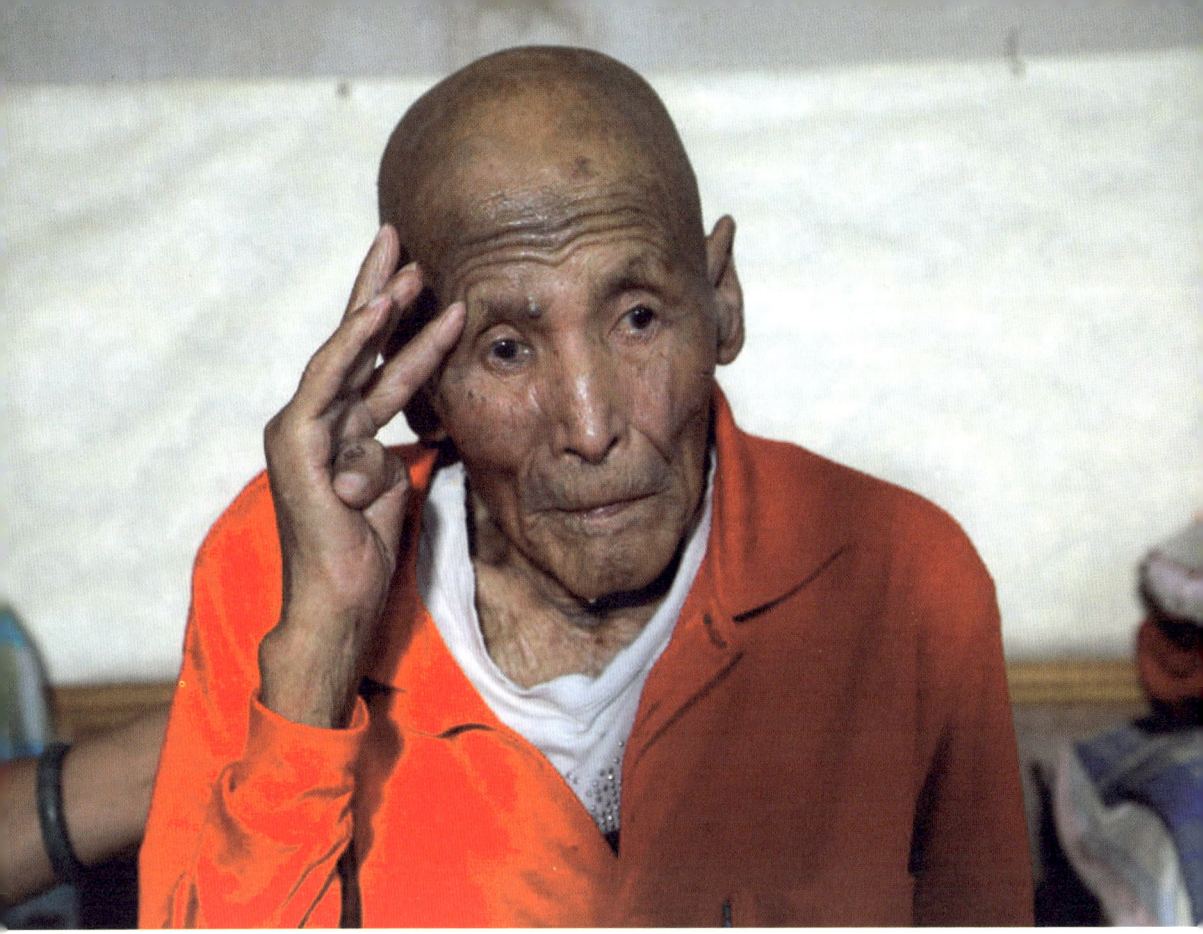

刘贵林

　　山西省盂县路家村镇中乌纱村人,1932年10月出生,1948年入伍,第一野战军铁道工程5师班长、排长、团参谋等,1956年转业。

曾参加过淮海战役和抗美援朝战争。

刘贵林能写会画，在部队进行的扫盲运动中，他不辞辛苦，言传身教，一方面帮助战友识文认字，一方面为了提高自己的文化水平勤学苦练。当时的各种条件都比较差，没有纸、笔、灯，就借助月光利用扫帚枝在地上写字，此事迹经在当时的《西北日报》报道后引起了很大反响，鼓励了无数求知若渴的有志新老战士！他做的虽然多是后方宣传工作，但他创作的文艺作品，不断鼓舞战友们的杀敌斗志！

郭仲鑫

　　山西省盂县南娄镇大沟村人,1928年11月出生,1946年入伍,第二野战军1旅2团炊事员,1948年退伍。

曾参加过解放定襄战斗。

郭仲鑫老人讲,当兵不怕死,怕死不当兵。如果有来生,还要去参军。

史元林

　　山西省盂县南娄镇西宋村人,1928 年 6 月出生,1945 年入伍,盂县大队战士,因战负伤,1947 年退伍。

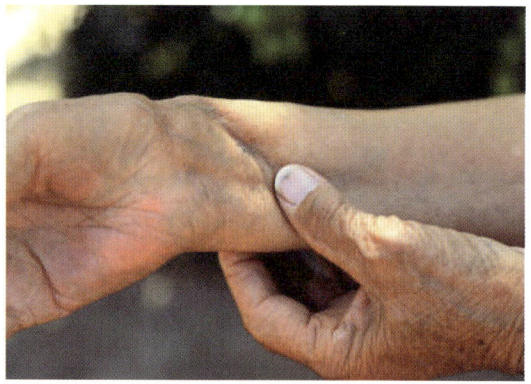

1946年10月，史元林和战友们一起奉命阻击敌军，在温家山战斗中连续打了7场血仗，我军虽然只有200人，但依靠顽强的意志和地形地貌优势，击退敌3000人的疯狂进攻。在那次战斗中，史元林冲锋陷阵，英勇杀敌，敌我双方伤亡惨重，无数官兵为国捐躯。在这次战役中，史元林负伤。

高秋元

　　山西省盂县南娄镇管头村人,1924年8月出生,1946年入伍,晋察冀军区工兵连、爆破连战士,1947年退伍。

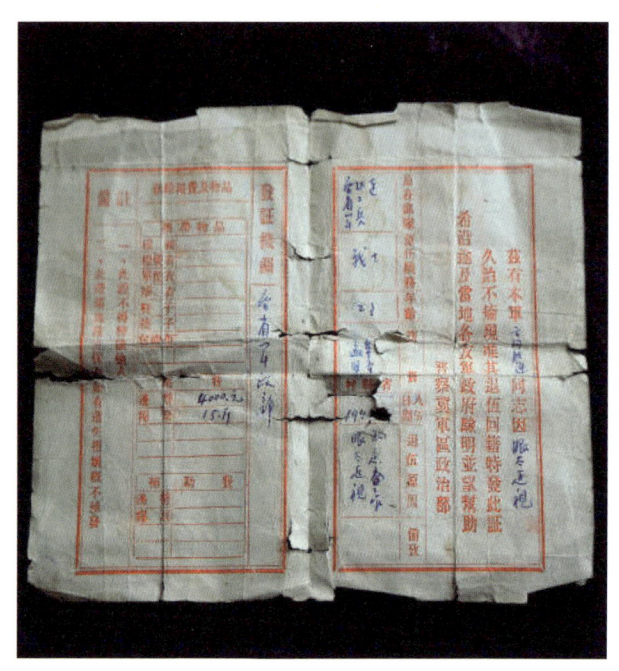

高秋元老人讲:"我们爆破连每人腰里别着两颗手榴弹,夹着炸药包,就是去炸敌人的碉堡和坦克。为了胜利,为了新中国的成立,有许多英雄的爆破手,是用自己的生命,为战友开道的,为胜利开道的!"

刘同元

　　山西省盂县路家村镇刘家村人,1928年5月出生,1944年10月入伍,卫生员,1948年10月退伍。

曾参加过解放石门、太原等战役战斗。

刘同元以"快收、快治、快运"的方式收治了大量炸伤、枪伤及冻伤伤员，在战场上抢救了无数伤员的生命。炮火纷飞的战场，将他锤炼成一名铁血白衣战士。

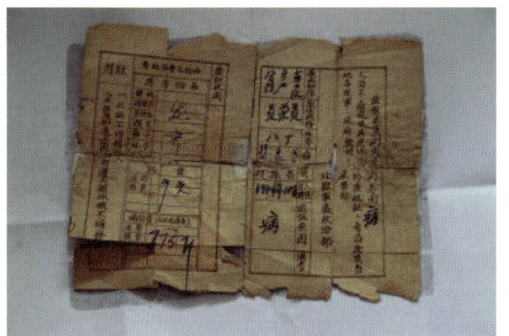

王四小(王聚斌)

　　山西省盂县西烟镇木来洼村人,1927 年 4 月出生,1946 年入伍,1947 年 10 入党,66 军 98 师 593 团 3 营机枪连副排长、第一步兵学校 1 大队 1 中队学员,立功 1 次,1955 年 12 月退伍。

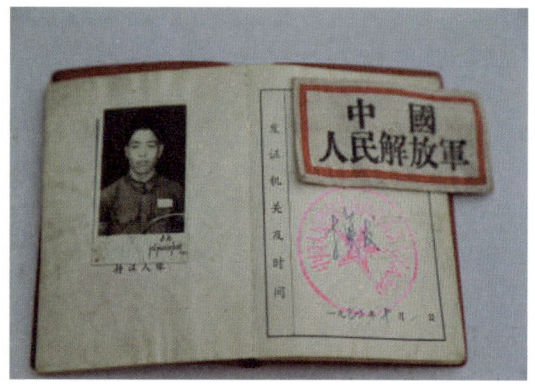

曾参加过解放太原战役。

因为很严重的爆震性耳鸣后遗症,王四小老人听觉和大脑受到影响,所以每次沟通都需要凑在他耳边大声说话,但老人还是无法述说心中深藏的战斗经历……

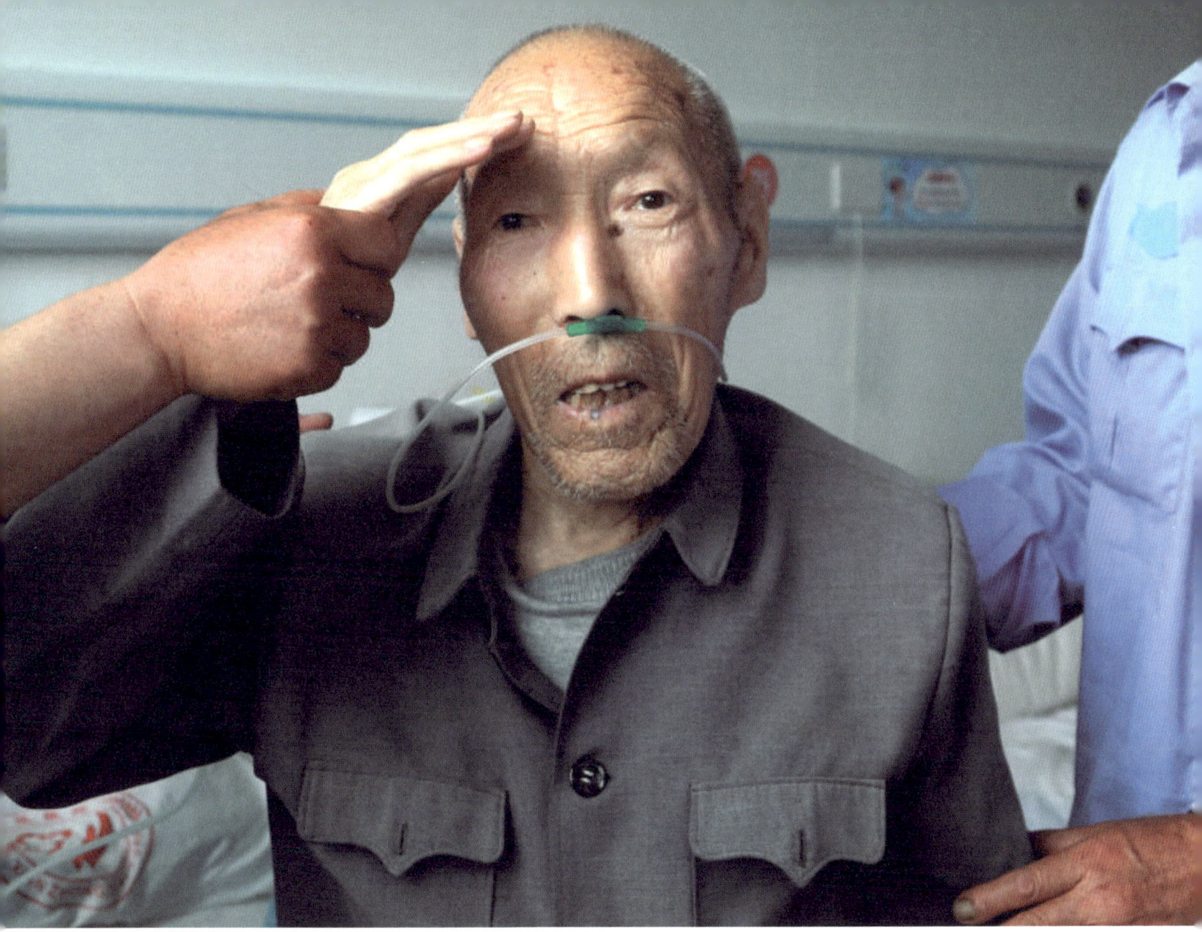

李顺锁

　　山西省盂县孙家庄镇大吉村人，1931年9月出生，1948年3月入伍，1948年6月入党，第一野战军6兵团17师59团3营7连3排9班机枪班战士，1954年8月退伍。

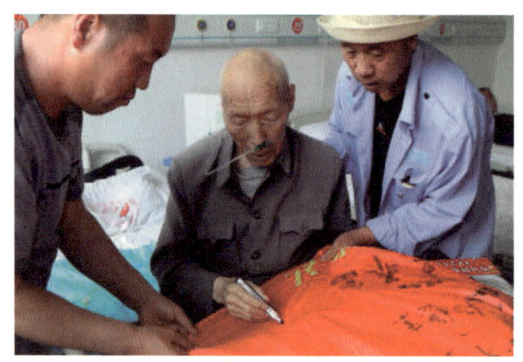 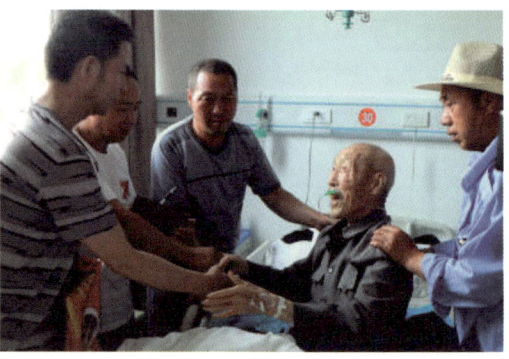

曾参加过解放兰州战役和新疆剿匪。

李顺锁老人回忆,在兰州战役中,硝烟四起,战士们奋不顾身往前冲,鲜血四处飞溅。他们部队300人,等攻下城来,只剩下7人,他们团只剩下4人,但最终取得了胜利。

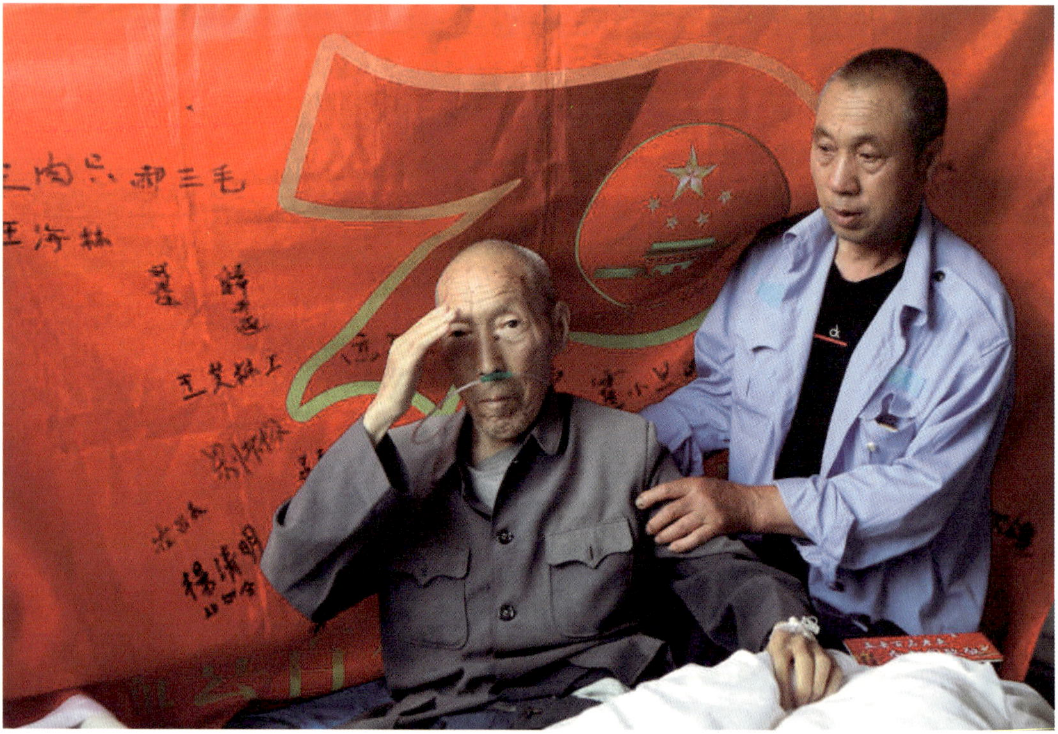

温正福

　　山西省盂县东梁乡温家山村人,1923年2月出生,1948年5月入伍,华北军区三分院医院战士、炊事员,1952年10月退伍。

曾参加解放过察哈尔战役和抗美援朝战争。

1950年10月,温正福和他的战友们怀揣着"抗美援朝,保家卫国"8个发烫的大字,高唱着"雄赳赳,气昂昂"的战歌,跨过鸭绿江,参加了抗美援朝战争。

安玉英

　　山西省盂县牛村镇白土坡村人,1927 年 11 月出生,1948 年入伍、入党,1949 年退伍。

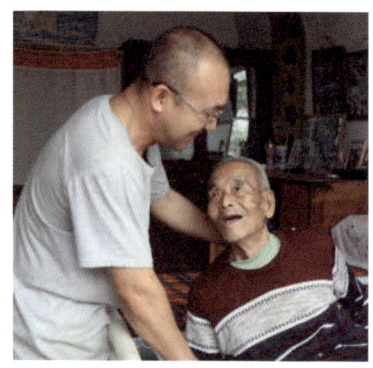

曾参加过解放太原战役,战斗中安玉英勇敢杀敌,左小腿中枪负伤。

高俊海

　　山西省盂县牛村镇教场村人,1929年12月出生,1948年1月入伍,华北军区一分院卫生员,1949年10月退伍。

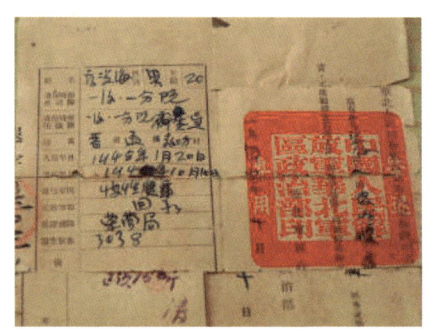

曾参加过解放察哈尔、新保安战役。

一块泛黄的白布、两枚纪念章,这些看似普通的物件,却因为一段历史,被高俊海珍藏多年。"这些都是我参加解放战争的证明,也是我一生中最为珍惜的东西。"

梁怀亮

　　山西省盂县上社镇窄门只村人，1930年5月出生，1948年入伍，新疆生产建设兵团6中队3团9连3排7班战士，1951年退伍。

曾参加过解放战争。

老人通过对历史的讲述,让我们了解到胜利果实的来之不易。

一段烽火岁月里的人生,抗战老兵们将青春献给了民族的独立与解放。他们直面抗击侵略者,留下惨烈的血色记忆。硝烟散尽,他们解甲归田。如今,用鲜血愈合过民族伤口的老兵们,无声地散落在历史的褶皱里。在共和国成立70周年之际,让我们向他们再一次致敬!

崔昌义

山西省盂县东梁乡西梁村人,1931年10月出生,1949年入伍,66军198师5团1营2连副班长,荣立三等功1次,1955年3月退伍。

曾参加过抗美援朝战争。

崔昌义老人默默地轻轻地打开珍藏多年的、用鲜血和生命换来的最高荣誉证——金光闪闪的军功章。

军功章像一串串静止的火焰,仿佛让我们听见战场上震耳欲聋的枪炮声、喊杀声,看见崔昌义在战斗中的矫健身影。

罗秀挺

　　山西省盂县西潘乡尧子坪村人,1925年5月出生,1945年8月入伍,晋察冀军区二分区独立营政治指导员、连文书、通信班班长,1957年12月退伍。

曾参加过解放阳泉、石门、天津、太原、保定、清风店等战役战斗。

罗秀挺老人讲道:"解放阳泉是在 1947 年 5 月 2 日。我们接到的战斗任务是攻取火车站,我带领一个分队,在战斗打响的时候,第一个飞身跳出去,把敌人的火力网撕开了一个很大的口子,冲到了火车站。经过激烈的交战,敌人一个连垂头丧气地把白旗挂在刺刀上缴械投降。

"这次战斗我们开始只是有受伤的,并没有牺牲,但是在敌人挂白旗伪装缴械投降时,突然反扑,在我们没有准备的情况下,发起了猛烈的攻击,打了我们个措手不及。的确,我们也疏忽了这一点,认为敌人已经投降,哪能反击。正是由于我们的麻痹,使我们受到惨重的损失。尽管马上就发起反击,可还是有 5 名战士倒在了敌人的枪口下,壮烈牺牲。他们身上布满弹孔,血把衣服都染成了黑红色,可他们怀里还紧握着枪,手指死死地扣在扳机上……我们亲爱的战友们,就这样倒在了血泊之中。我们气不打一处来,猛烈地反击,打红了眼……

"战斗胜利了,但我们丝毫不觉得高兴,我们都哭了,脱帽向他们——我亲爱的战友们致以崇高的敬意,同时也表示我们深深的愧疚!"

1945年12月,部队改编,罗秀挺被分配到察哈尔聂荣臻卫戍司令部卫戍教导师任干事。

1948年11月,罗秀挺在河北昌黎战斗中右股关节受伤。

在血战清风店战役中,罗秀挺机智勇敢,参与了打掏心战和在红薯窖活捉罗历戎的战斗,荣立战功1次。

- 177 -

杨根云

山西省盂县牛村镇教场村人,1931年1月出生,1947年入伍,64军190师569团1营班长,1957年12月退伍。

曾参加过和平解放北平、太原战役、银川战役和抗美援朝战争。

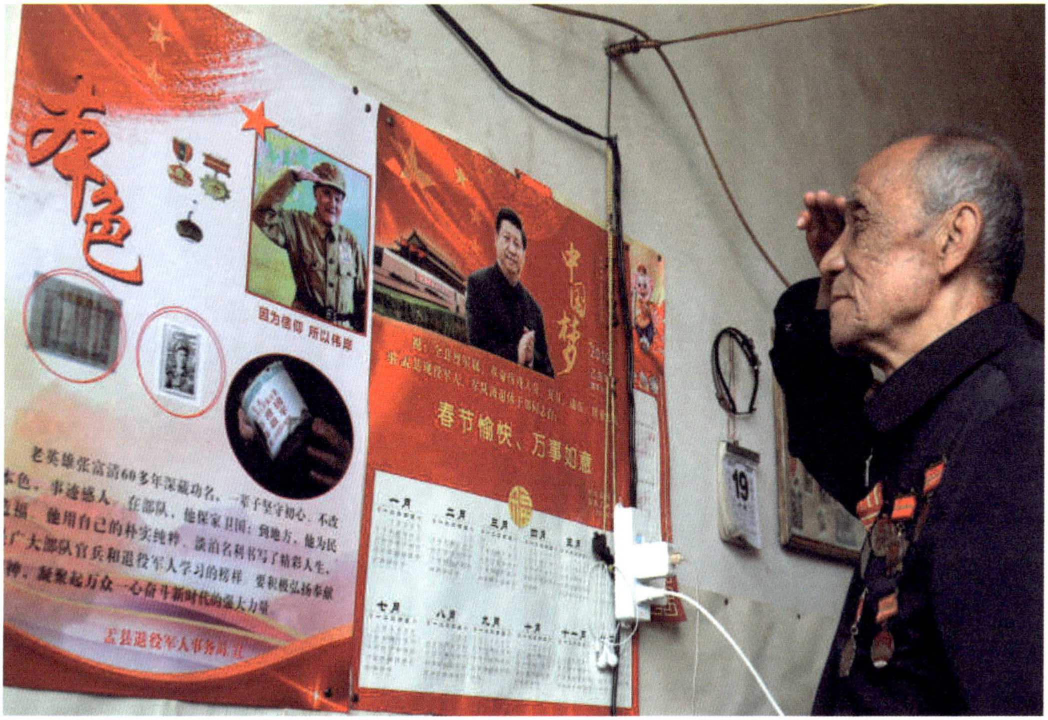

杨根云老人讲:"上级命令我们一周时间里行军800里,赶到距离三八线附近的老秃山待命。我们只用了6天时间,6天时间里,我们每天行军140里地。部队白天在山上休息,晚上急行军。在渡林锦江时,敌人的探照灯在江面上扫来扫去。我们部队侧着身过江,突然敌人发现了我们,一梭子弹射来,我的右手被子弹打中⋯⋯"

武龙德

　　山西省盂县东梁乡温家山村人,1932年4月出生,1949年入伍,1954年10月入党,2090部队4连战士、班长,荣立三等功1次,1957年4月退伍。

曾参加过解放兰州、银川和抗美援朝战争。

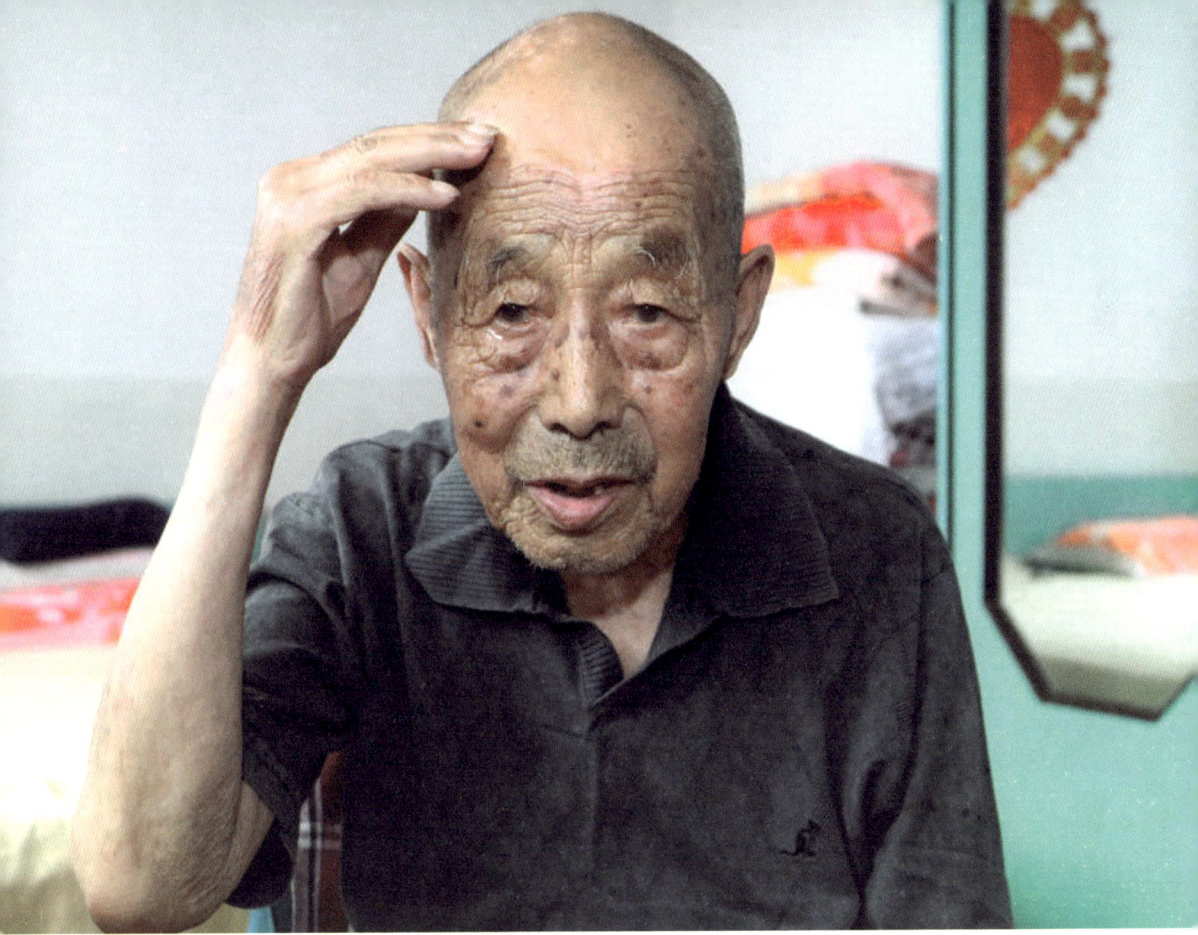

秦双海

　　山西省盂县路家村镇清城村人,1929年11月出生,1947年5月入伍,晋察冀军区2旅11团战士、步枪手,1949年4月退伍。

曾参加过解放唐山、大清河、保定等战役战斗。在历次战斗中,秦双海英勇善战,不屈不挠。

王爱林

山西省盂县苌池镇南苌池村人,1928年7月出生,1946年入伍,1948年7月入党,68军203师609团战士、副班长,1953年9月退伍。

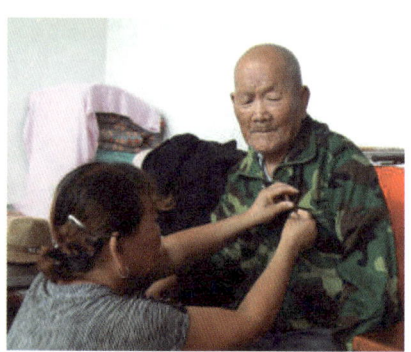

曾参加过解放战争和抗美援朝战争。

李付金

　　山西省盂县东梁乡西梁村人,1928年11月出生,1946年8月入伍,晋察冀军区4纵队教导旅33团1营1连1排、通信排排长,1948年4月退伍。

曾参加过解放石门、正定、元氏、阳泉等战役战斗。

- 188 -

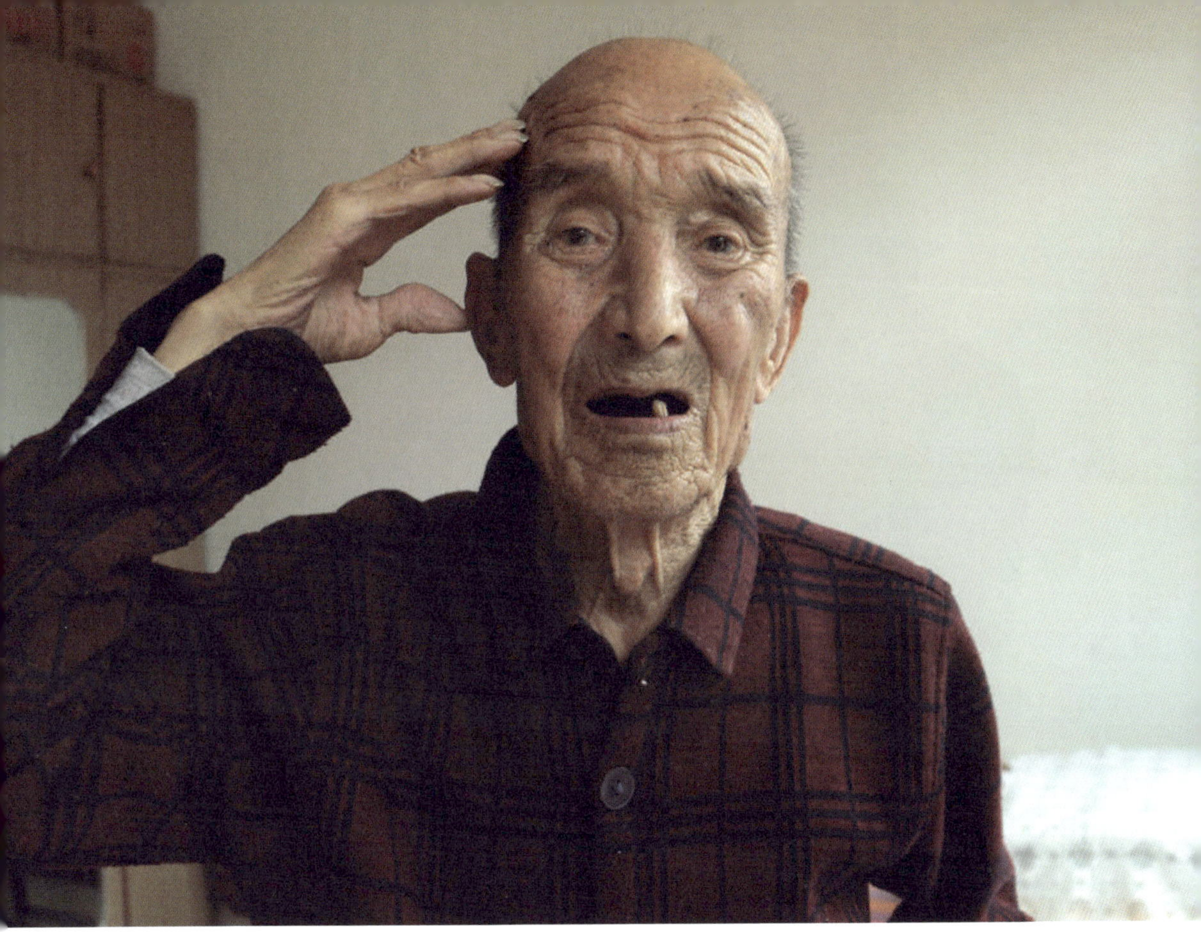

王肉子

　　山西省盂县苌池镇北连巅村人，1928年4月出生，1949年3月入伍，20兵团司令部电话队炊事班副班长，1955年退伍。

曾参加过解放战争和抗美援朝战争。

进入朝鲜后,十几天冒雨急行军,夜间行军,白天隐蔽。有一天,部队晚上又要出发,下午指导员问王肉子,给你40分钟时间,你能给咱们全连做顿热饭吃吗?王肉子说,行!一个人完成了100多人的饭,荣立三等功。

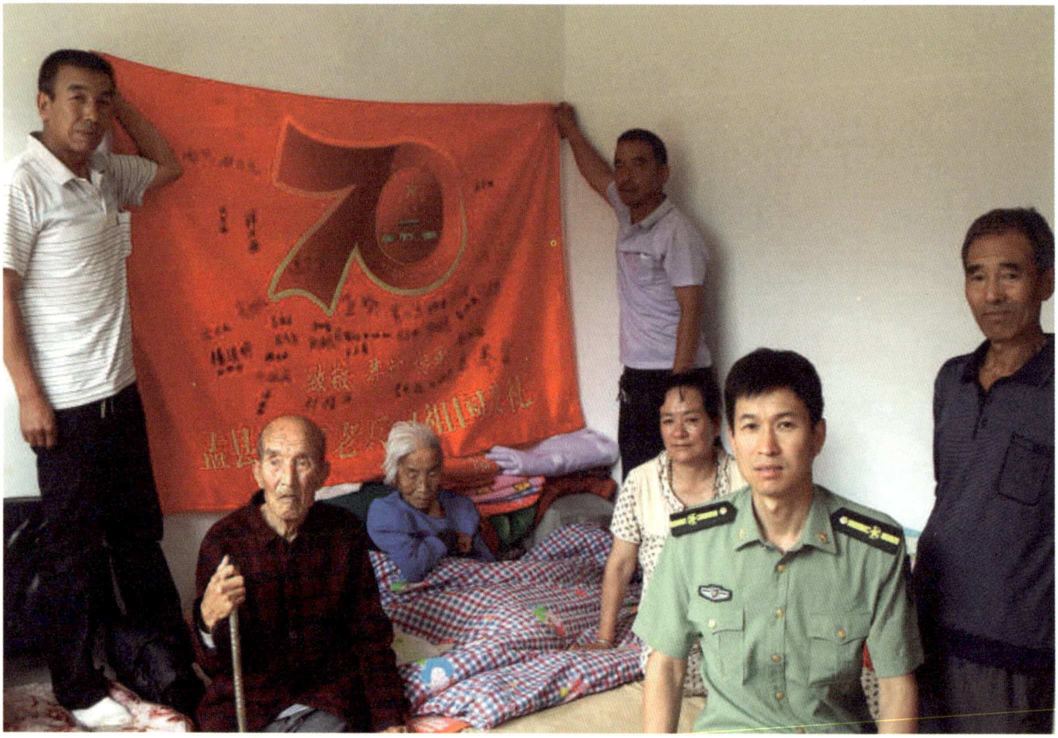

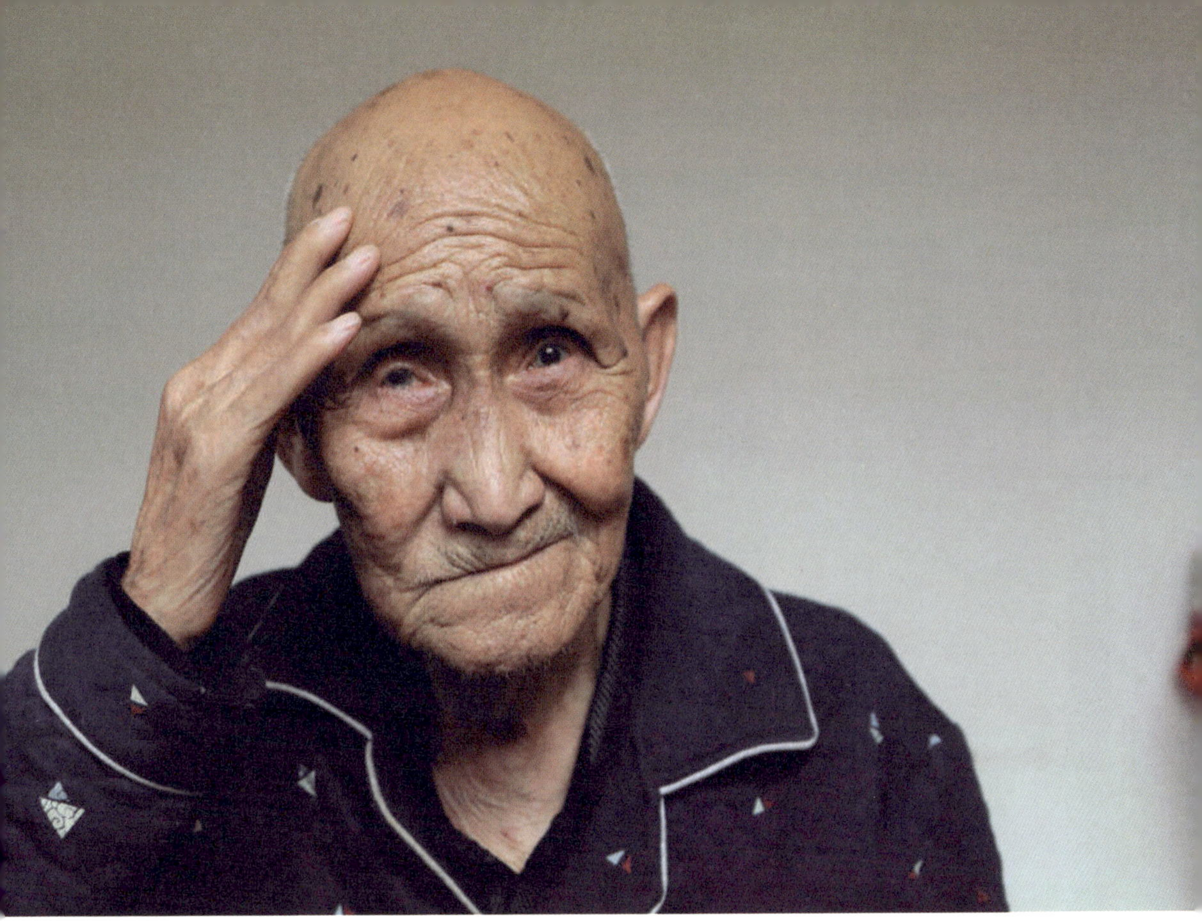

韩尔跃

　　山西省盂县苌池镇南兴道村人,1927 年 6 月出生,1948 年入伍,新疆生产建设兵团 4 师 49 团 9 连战士、炊事员,1957 年 12 月退伍。

当问起韩尔跃老人的战斗岁月时,他默默无言,热泪盈眶;当问到他现在生活状况的时候,老人说,有盐就行!那次打了个大胜仗,老百姓送来了米面和肉,可做饭又没有盐(敌人封锁路口,老百姓、战士们经常吃不上盐)。那顿饭,说香不香,说不香很香。

王继忠

　　山西省盂县路家村镇清城村人,1932年2月出生,1948年3月入伍,第一野战军5团1营1连战士,1949年12月退伍。

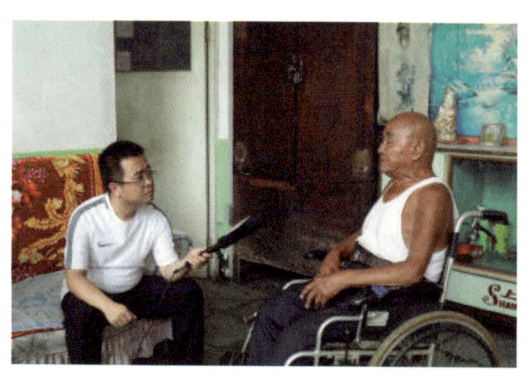 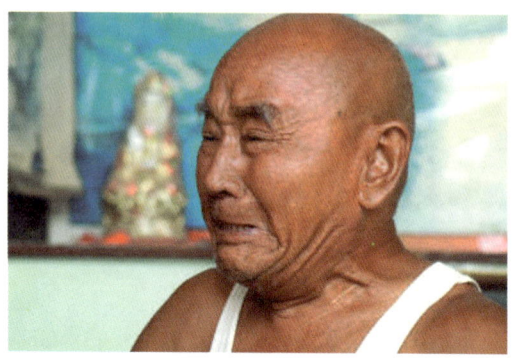

回忆当年并肩作战的战友们牺牲时的情景,王继忠老人不禁泪流满面。1948年,王继忠所在部队连夜急行军,强渡黄河,进攻韩城。敌人一个师的兵力,对第一野战军一个连,一场恶战下来,王继忠所在的连队只剩下28名战友。王继忠老人一提起那场血战,就不由得痛哭流涕。

王继忠老人讲,很多战友,战前还说说笑笑,几小时后就永远地离开了我们,心中很不是滋味,非常悲痛。战争就是这样,总是有人不断地倒下。战争非常残酷,好端端的一个小伙子,突然间变得血肉模糊,就在眼皮子底下牺牲了,让人撕心裂肺。

梁变珍

　　山西省盂县梁家寨乡梁家寨村人,1925年11月出生,抗日战争时期担任妇救会主任。

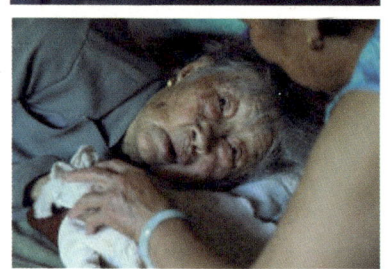

梁变珍组织姐妹们向前线送米、送面、送衣服、送鞋,使战士们打起仗来没有后顾之忧。她还宣传发动群众支援抗战,积极参加抗日救亡活动,夜里在油灯下纳鞋底,战斗中救护伤员。

在共和国70华诞之际，我们精心策划了一次特别的行动："致敬·寻访·传承"——盂县百名老兵向祖国敬礼！

按照盂县退役军人事务局提供的信息，我们踏上了对全县1949年10月1日前入伍且健在的105名老兵的寻访之旅。

两个半月、15个乡镇（社区）、1.2万公里……

最终，我们只走进了86位老兵的峥嵘岁月……

9000张照片、100多个小时的视频、5万字的口述记录……

一次次感动，一次次流泪……

于是，我们把这些影像和文字资料整理出来，固化下来，永远珍藏，永世传扬……

 寻访之旅

2019年6月27日,"致敬·寻访·传承"——盂县百名老兵向祖国敬礼启动仪式在盂县人民武装部举行

一次次寻访,一次次感动

走近老兵，让历史说话，聆听老兵讲述他们的故事

 巡展瞬间

2019年10月23日，国家退役军人事务部副部长钱锋（左四）、山西省退役军人事务厅厅长冯征（左二）、阳泉市委书记关建勋（左三），在阳泉市博物馆观看"盂县百名老兵向祖国敬礼"巡回摄影展

2019年10月31日,中央军委国防动员部调研组在阳泉市博物馆观看"盂县百名老兵向祖国敬礼"巡回摄影展

阳泉市委常委、军分区司令员孙季鸿（左二），阳泉军分区政委马杰（左一）组织官兵观看"盂县百名老兵向祖国敬礼"巡回摄影展

盂县县委副书记刘志军（左一），县委常委、盂县人民武装部政委刘计平，现场指导"盂县百名老兵向祖国敬礼"巡回摄影展布展工作

一张张图片深深地震撼着人们的心灵

每一个老兵的故事都是爱国主义和国防教育的生动教材